上海教育出版社　江苏第二师范学院

学校管理

第三辑

2025 No.3

编委会

主　　任：王鲁沛

委　　员（按姓氏笔画排序）

王　高　王鲁沛　印亚静　回俊松　张　彬　张新平

陈玉乔　邵红军　郑春林　皇甫立同　徐伯钧　崔映飞

章跃一　蒋　波　韩益凤　褚宏启　蔡公煜　魏　洁

主　　编：皇甫立同

副 主 编：印亚静

封面题字：梁宗亨

地　　址：南京市北京西路 77 号

电　　话：025-83758200

电子邮箱：njxuexiaoguanli@126.com

图书在版编目（CIP）数据

学校管理. 2025年. 第三辑 / 江苏第二师范学院主
编. -- 上海 ： 上海教育出版社, 2025. 7. -- ISBN 978-
7-5720-3542-5

Ⅰ. G47

中国国家版本馆CIP数据核字第2025WT2944号

策划编辑　刘美文
责任编辑　马丽娟
封面设计　肖禹西

学校管理2025年第三辑
江苏第二师范学院　主编

出版发行　上海教育出版社有限公司
官　　网　www.seph.com.cn
地　　址　上海市闵行区号景路159弄C座
邮　　编　201101
印　　刷　上海盛通时代印刷有限公司
开　　本　787×1092　1/16　印张5.25
字　　数　108千字
版　　次　2025年7月第1版
印　　次　2025年7月第1次印刷
书　　号　ISBN 978-7-5720-3542-5/G·3165
定　　价　15.00元

如发现质量问题，读者可向本社调换　电话：021-64373213

卷首语

校本研修：在思维转换中探寻持续深化的新路径

校本研修是我国教师发展的基本方式。在教育实践中，校本研修不仅体现为常态化的运行，更表现出不断深化的趋势。这种深化不仅体现为研修场域向课堂延伸，更意味着研修本质的回归——通过教师发展与学生成长的双向互动，构建学校教育生态的良性循环。要实现这种质的飞跃，关键在于实现思维方式的系统性变革。基于对当前校本研修实践的观察与反思，需要实现十个维度的思维转型：

一是从工作思维到专业思维。工作思维关注"量"的积累，而专业思维聚焦"质"的突破。校本研修的本质是教育研究，其核心逻辑应是：问题导向—专业学习—深度思考—实践创新—持续改进。只有将研修嵌入真实教育情境，通过专业知识的运用解决实际问题，才能真正实现教师专业能力的提升。

二是从任务思维到研究思维。任务思维遵循"指令—执行"模式，研究思维则强调"发现—探索—创造"。校本研修应建立教师作为研究者的主体地位，通过问题发现机制、多元解决方案探索和实践知识凝练，形成具有迁移价值的教育智慧。行政摊派式的研修活动难以激发教师的专业自觉。

三是从单一思维到系统思维。单一思维追求局部最优，系统思维注重整体效能。校本研修需要打破学科壁垒、年级界限和部门分割，构建协同创新网络。通过要素关联分析、结构优化设计和价值协同机制，将局部问题解决转化为学校系统的持续改进。

四是从特色思维到质量思维。特色思维易陷入"为特色而特色"的异化，质量思维则回归教育本质。校本研修的核心价值在于促进学生的内生发展和教师的专业成长，其质量体现在育人理念的更新、教学方式的变革和学校文化的重塑，而非外在的标识性成果。

五是从全面思维到主题思维。全面思维导致"撒网式"浅尝辄止，主题思维强调精准突破。校本研修应聚焦核心命题，通过系统化设计实现"点线面"的价值转化。主题的凝练既要立足现实问题，更要具有理论穿透力，形成持续创新的动力机制。

六是从精英思维到全体思维。精英思维依赖"关键少数"，全体思维激活"群体智慧"。校本研修需要构建"动车组式"发展模式，在发挥骨干教师引领作用的同时，通过制度设计和资源配置，使每个教师都成为发展引擎。这种转变本质上是从英雄主义到生态主义的范式转换。

七是从事本思维到人本思维。事本思维将人工具化，人本思维以人的发展为原点。校本研修应建立"事—人—发展"的价值链条，通过满足教师专业发展需求、优化学生成长体验，实现"以事促人，以人成事"的良性循环。要警惕陷入事务主义陷阱，始终保持对人的发展价值的关注。

八是从外力思维到内在思维。外力思维依赖外部驱动，内在思维强调自我觉醒。校本研修需要构建"外铄—内生"的双驱动机制，在争取外部支持的同时，更注重培育学校和教师的内生动力系统。通过价值观引领、问题意识培养和持续反思机制，实现从"输血"到"造血"的转变。

九是从课题思维到日常思维。课题思维追求成果显性化，日常思维注重过程常态化。校本研修应融入学校生活肌理，通过建立"观察—发现—改进—固化"的敏捷机制，将创新实践转化为习性行为。当研修成为教师的职业生活方式时，其价值才能真正落地生根。

十是从白手思维到优势思维。白手思维陷入"资源匮乏"的认知误区，优势思维强调"特色建构"。校本研修应建立 SWOT 分析框架，在识别自身优势的基础上，通过"长板理论"实现特色发展。这种思维转型要求从补齐短板转向放大优势，从被动适应转向主动创造。

上述思维方式的转变，本质上是校本研修从"形似"到"神似"的进化过程。当这些思维方式内化为教育工作者的集体认知时，校本研修才能真正成为推动教育高质量发展的持续动力。

西北师范大学教育科学学院教授，国家督学　李瑾瑜

目　录

跨学科素养：师生的共同奔赴

——南京市拉萨路小学教育集团"学科大课堂"的深耕行动

◎ 郭　静 / 江苏省南京市拉萨路小学

摘　要　南京市拉萨路小学以国家课程综合化实施的要求为依循，以"'慧'学、'慧'玩、'慧'生活"为育人核心理念，从单学科主导的跨学科主题学习和多学科融合共同主导的跨学科主题学习两种类型，顶层设计跨学科主题学习的整体架构，帮助学生形成对事物、对世界的整全认识，培养学生综合解决问题的意识和能力。

关键词　跨学科主题学习　跨学科素养　学科融合

《义务教育课程方案（2022年版）》明确提出"加强课程综合，注重关联""加强课程内容与学生经验、社会生活的联系，强化学科内知识整合，统筹设计综合课程和跨学科主题学习"。南京市拉萨路小学在近20年的探索中，以国家课程综合化实施的要求为依循，以"'慧'学、'慧'玩、'慧'生活"为育人核心理念，为解决学科割裂等普遍性问题不懈探索，走出了一条校本化的儿童综合学习之路，创造出"融通学程"的儿童学习新样态，并推介到集团内各校，形成了丰富的校本学习样式。

《义务教育课程方案（2022年版）》提出"各门课程用不少于10%的课时设计跨学科主题学习"，这对一线教师来说具有挑战。小学生对各学科的学习尚未形成体系化的认识，教师要基于学科开展有效的跨学科学习，需要遵循小学教育自身的特点。如何在育人目标和改革实践中寻找科学、务实的发展之路，正是小学教师需要探讨的问题。

为了帮助教师走近跨学科主题学习，我们在认真学习的基础上，围绕"10%是多少""主题从何来""学习方法有哪些""基本流程是什么""教师如何备课"等一系列问题进行了探讨，在此基础上，依托国家课程标准和教材，梳理和搭建了学校各学科的跨学科主题学习框架，并分步实施。

一、顶层设计：跨学科主题学习的整体架构

整体设计学校的跨学科主题学习框架，需要首先考虑跨学科主题学习如何分类。学界已有的跨学科主题学习分类较为多元，

我们立足学校的实际，学习借鉴了郭华教授对跨学科主题学习划分维度，根据主导学科的数量多少，分为单学科主导的跨学科主题学习和多学科融合共同主导的跨学科主题学习；根据知识的功能定位，分为运用知识以解决复杂问题的跨学科主题学习和利用跨学科主题来学习知识的跨学科主题学习。在此基础上，我们依托国家课程标准和教材，梳理和建构了各学科的跨学科主题学习内容。

（一）单学科主导的跨学科主题学习

单学科主导的跨学科主题学习，是指立足某一个学科主动跨界，从该学科的知识、技能、思想、方法出发来确定主题和目标，同时关联其他学科。它通常以微学程和中学程的形态实践。

从学科逻辑出发，语文、数学、体育等学科将跨学科主题学习作为专门板块纳入课程，如"大嘴呱呱""大风车""大嘴巴英语""智造工匠"等；而劳动、道德与法治、综合实践等学科本身就具有跨学科性，需要将跨学科学习的理念或活动以润物细无声的方式融入整个教学过程。

以数学学科的跨学科主题学习为例，通常依据数学课程标准中第一到第三学段综合与实践领域相关主题以及苏教版数学教材中有关主题，来确定学校数学跨学科主题学习学程内容。通过数学学科实践，统整、转化学习时空、组织形式、学习方式、课程资源等，以微学程、中学程、长学程等灵活样式实施。

基于学生的年龄特点以及学科知识体系，从一年级到六年级设置了进阶式的学习内容，安排六大主题37个学程内容，跳出知识点，创设真情境，经历数学化，关注融通性。

（二）多学科融合共同主导的跨学科主题学习

多学科融合共同主导的跨学科主题学习，是指多个学科因内容和方法互相关联，并主动协商共同形成的跨学科主题学习。它可以帮助学生打破单一学科的刻板思维，形成面对问题本身、灵活自如地综合应用知识解决问题的意识和能力。学校从学生生活逻辑出发，在现有基础上，依据学生"亲近自然、认识社会、体验文化、学会创造"的维度，为各级部教师提供多学科融合共同主导的跨学科主题学习建议。

考虑到小学生的特点，在同一主题下，包含综合实践活动和跨学科项目。中低年级以综合实践活动为主，高年级以跨学科主题学习为主。各级部结合学生的问题，可以自主选择和设计。这种类型的学习对教师的跨学科素养是一种考验，不仅需要教师清楚地把握自己学科的内容结构和本质问题，也需要把握所跨学科的相关内容、方法和基本思想，产生"同频共振"。

以二年级下学期的主题"望星空"为例，教师根据主题设计了太空探索主题、星空文化主题、心"宇宙"主题三个跨学科项目。学生的学习主题主要来自三个方面：从课程标准中发现主题，包括从课程标准的参考示例中甄选主题，从多个学科的课程标准中挖掘主题等；从社会生活中发现主题，包括从社会的热点议题中甄选主题，从学生的日常生活中挖掘主题等；

从学生需要里发现主题，包括从研究学生的兴趣中甄选主题，从梳理学生的疑问中挖掘主题等。

二、创新实施：跨学科主题学习的集团推进

在南京市拉萨路小学教育集团，跨学科学习已成为教育创新的重要方向。教师积极投入，不断探索与实践，为跨学科学习注入了新的活力。

（一）开展集团课堂变革行动的探索

跨学科主题学习的研究，在集团的各个学校同步推进，从课堂的"点"，串联课堂的"链"，聚合课堂的"样"：以学科实践重构学习历程，打破固化的学习时空，注重培养学生在真实情境中综合运用知识解决问题的能力；形成以日、周、月、学期、学年为学习时间单位，以项目式、主题化为主要实施方式，打造微学程、中学程、长学程的"三程式"跨学科主题学习样态。

跨学科主题学习的研究，在每一所集团校形成自己的特色：拉萨路小学的"融通学程"，鼓楼区第一中心小学的"宝葫芦童话节"，方兴小学的"生活＋学程"，五塘小学的"小先生学堂"，砺志实验小学的"可见：儿童的学习"。

（二）培育集团教师群体的综合素养

集团依托"百步名师工作站"实施教师培养工作，为每位教师搭建平台，定期组织跨学科主题教研活动，并邀请郭华教授、夏雪梅研究员等跨学科主题学习研究专家分享跨学科教学的最新研究成果和实

践经验。同时，教师在各校课题的引领下，探讨跨学科教学的方法与策略。集团为跨学科教学的持续发展储备了丰富的人才资源。

在集团跨学科主题学习项目推进工作组的牵头下，各校联动，在集团及各校进行跨校跨学科教学合作，共同开展跨学科主题学习的教学与研究工作，提高了跨学科教学的质量和效果。

（三）树立综合育人理念下的儿童发展观

集团规划好各项跨学科主题学习活动，设计具有情境性、任务性、实践性的项目，由"我"走向"他人""社区""国家"，激发学生的学习兴趣和潜能，提升学生的综合素养，培养学生的创新思维。

同时，集团不断调整学生综合素养评价新方式，集团综合育人指导中心提供"五育"融合评价的顶层架构，各校完善综合育人评价方案，让"五育"融合贯穿评价的全过程，促进学生全面而有个性的发展。

（四）实施跨学科教学质量提升行动

集团建立跨学科主题学习项目推进工作组，在集团三个中心、五个制度、八大行动的统领下，赋能提升教研组，对跨学科主题学习的教学质量进行评估，客观反映跨学科教学的实际效果和存在问题。集团发现各校的优势后，将各校具有创新意义的教育教学典型经验（跨学科主题学习等）在集团内传递、分享、实践、推广。集团制定相关政策和制度保障跨学科教学的顺利实施，并设立专项经费用于支持跨学科课程的开发与实施、教师培训与研修

等工作。

当前，我们身处的世界正面临着百年未有之大变局，我们的教育需要为学生的好奇心、想象力、观察力提供更肥沃的土壤。如果学生即将面对的真实情境和复杂问题已经超过目前学科学习内容的边界，那么跨学科主题学习有可能是有效的解决方案之一。如果跨学科学习已经来到我们的身边，那么勇敢地尝试、摸索、践行可能是每一个教育者在新时代建设教育强国的旅程中书写的答卷。在南京市拉萨路小学教育集团，跨学科学习已成为推动教育创新和质量提升的重要途径。未来，我们将继续深化跨学科教学的实践与研究工作，为培养具有创新精神和跨学科素养的优秀人才做出更大贡献。

【作者简介】郭静，女，江苏省南京市拉萨路小学副校长，高级教师，南京市数学学科带头人，南京市师德先进个人。

参考文献

［1］ 郭华.跨学科主题学习的意义与特征［J］.中国基础教育，2022（12）：17—20.

［2］ 夏雪梅.跨学科学习：一种基于学科的设计、实施与评价［M］.北京：教育科学出版社，2024.

［3］ 王飞.跨学科主题教学：理解、设计与实施［M］.上海：华东师范大学出版社，2024.

［4］ 郭洪瑞，崔允漷.再论新课程中的跨学科主题学习［J］.全球教育展望，2024，53（5）：13—24.

（责任编辑：印亚静）

重构·迭代·赋能：结构化视域下小学数学图形教学初探

◎ 李春耀　张佳雯 / 江苏省南京市拉萨路小学

摘　要　新课标倡导以培养学生的核心素养为导向，打破传统教学设计的框架，进行单元整体教学设计，注重知识的系统性，以促进学生思维的全局性发展。本文以单元整体教学为视角，基于追本溯源、素养立意、问题聚焦和学程设计四个方面，重构单元设计，迭代学习方式，以《多边形的面积》为例对培养学生应用意识做出一些实践探索与思考，提高他们解决真实性问题所必备的综合能力与核心素养。

关键词　实践中学　单元整体　结构化　应用意识

传统教学中，教师往往过于关注知识和技能，忽略知识的内在联系和学习方法的一致性，导致学生对学科知识结构缺乏整体认识，知识学习变得碎片化和浅表化。此外，还存在忽视数学思想方法和核心素养的培养，缺乏学科核心概念的主题引领和对单元整体的把握等问题。单元整体教学是通过少量主题覆盖多个知识点，以主题统领建立内容知识的整体结构。基于此，笔者结合苏教版小学数学五年级上册第二单元《多边形的面积》的实例，探讨学科教学中的具体实践。

一、基于课标，单元整体教学设计的理论依据

《义务教育数学课程标准（2022年版）》（以下简称"新课标"）明确指出："改变过于注重以课时为单位的教学设计，推进单元整体教学设计，体现数学知识之间的内在逻辑关系，以及学习内容与核心素养表现的关联。"

学生的认知发展、情感成长和人格形成是一个整体的、连续的过程。课程改革强化了课程的育人导向，核心素养作为数学课程的统领性目标，具有整体性、一致性和阶段性的特点。同时，新课标"优化了课程内容结构"，并具体指出"基于核心素养发展要求，遴选重要观念、主题内容和基础知识，设计课程内容，增强内容与育人目标的联系，优化内容组织形式"，为单元整体教学的实施提供了理论依据。

二、聚焦本质，单元整体教学设计的实施要求

（一）多维建构，强调目标的整体性

教学目标对教学流程发挥着导向作用。教师在深入分析之后，设定的教学目标须涵盖知识掌握、技能运用、过程和方法运用，以及情感态度和价值观念。小学数学教学单元的规划应将单元目标细分为每个课时目标，并确保这些目标在连续性与系统性上保持一致，共同构成完整的单元教学目标体系。调整后的《多边形的面积》单元教学目标如下：

1. 能够领悟多边形面积计算的一致性

在操作、观察、思考和表达等活动中，体会多边形面积计算的一致性，掌握多边形的面积计算公式，发展学生的几何直观和空间观念。

2. 能够深入体会转化思想的学科理解

经历发现问题、提出问题、分析问题和解决问题的过程，积累观察、思考和表达的经验，深入体会转化思想、归纳思想和整体思想。

3. 在实际生活中发展学生的应用意识

在真实运用中，感受数学与生活的紧密联系，体验数学学习的价值，激发学生学习数学的兴趣，发展学生的推理意识、模型意识和应用意识。

（二）知识融合，聚焦内容的结构化

在制订教学计划时，教师应从宏观视角挑选并整合教学资源，确保资源的结构性特点得到充分展示，注重单元内部各资源间的紧密联系，将零散的知识点转化为系统化、逻辑化的整体。此外，还要对前后单元内容进行串联分析、综合规划，构建一个连贯的知识体系。《多边形的面积》单元是学生从量上认识图形、研究图形的关键内容，为后续学习圆的面积、立体图形的侧面积和表面积计算奠定了基础，也是形成量感、空间观念、渗透数学思想方法的重要元素。

（三）思维进阶，凸显活动的层次性

教师须精心规划不同层次的教学活动，确保教学活动之间具有逻辑性、连贯性、递进性，主要表现为：单元内的各个教学内容应该展现出清晰的层次结构，每个课时的教学活动围绕一个核心问题，设置层层递进的任务，学生抽丝剥茧理解核心概念。基于此，图形教学的单元课程设计模型以核心素养统领，学生的学习过程从简单到复杂，由表及里，在深入理解知识的核心后实现思维能力的提升。以该单元的迁移课"三角形和梯形的面积"为例，笔者整合了三角形的面积与梯形的面积内容，通过不同类型的子任务，逐步推进思维进阶。

（四）实践应用，指向方法的迁移性

新课标确立了核心素养导向的课程目标，即在学习中学会迁移知识，主动联系和应用已有的知识、方法和经验，分析、比较、思考和解决真实情境中的真问题。以《多边形的面积》单元为例，探究时以共性之处为切入口，引导学生将先前掌握的方法应用到新图形面积的学习中，把新的平面图形转换成已学图形，领悟数学知识的核心。

三、知行合一，单元整体教学设计的校本行动

为了更好地落实学科实践的育人目标，

结合校情，笔者在单元整体教学设计时遵循以下三个原则：

一是整体性原则，关注数学学习的整体建构。新课标要求将义务教育阶段各学段各领域的学习主题进行结构化整合，教学更强调知识的前后逻辑和层次。

二是融合性原则，关注以数学为核心的融合学习。课堂中注重数学学科与其他学科知识之间的有效联结，发挥各自优势，采用主题式学习方式，学生在真实情境中解决问题，获得体验与感悟，提升数学思维能力。

三是延展性原则，关注时间和场域的延伸。从课本走向生活，深化学生的认识与体验；将课程内容从课堂扩展至课外，涵盖丰富多彩、活泼有趣的学习素材，促进学生个性发展；实现线上教学与传统线下学习的融合，课堂变成激发学生潜力、促进交流互动的场域。

（一）追本溯源，建构单元知识体系

运用宏观与微观的视角，将特定单元置于整个小学数学知识体系中进行考量，分析该单元与前后知识的内在联系，并对单元内的知识点进行对比研究。《多边形的面积》单元中的图形的认识和测量学习体系，是量感培养的重要载体。在小学阶段第一学段主要是初步认识图形，进行简单的测量；第二学段进一步学习长方形和正方形的面积计算，认识三角形、平行四边形和梯形，体会平移和旋转。

（二）素养立意，确立育人导向目标

新课标对内容要求、学业要求和教学提示都做了说明，基于此，单元教学目标设置了基础性目标、发展性目标和挑战性目标。

基础性目标属于识记和理解层次，重在了解和理解知识点，掌握相关概念和原理。学生在操作、观察、思考和表达中能深化对公式的理解，会计算图形的面积，了解公顷和平方千米，培养空间观念、几何直观和运算能力。

发展性目标属于应用和分析层次，重在关注课堂关键性活动。学生在经历探索多边形面积公式的过程后，能体会等积变形、转化等数学思想方法，通过实际测量和体验，建立估算较大场地面积的能力，进一步发展模型意识、推理意识和量感。

挑战性目标属于拓展和创造层次，重在设计一系列富有挑战性的任务。学生能用不同的方法探索面积公式、求不规则图形的面积，主动利用已有知识、经验解决新的图形问题，进一步发展应用意识和创新意识。

（三）问题聚焦，立足具身学习体验

核心素养不仅是贯穿单元教学的灵魂，也是教师教学活动的终极目标。学生的需求是教师关注的焦点，教师应在教学过程中持续关注学生在单元学习中遇到的困惑，实施单元学习前测。笔者通过对学生进行检测发现，学生对图形面积的计算已有一定认知，对估算较大场地的面积以及理解公式的推导过程感知较弱，对如何应用多边形面积解决生活中的问题也存在理解上的断层。教学中应重视内容的整体分析，以问题引导，创建真实学习环境，助力学生构建结构化数学知识体系，体验多感官、多角度的学习过程。

（四）学程设计，重构单元实施路径

笔者所在学校以学科组为团队，以科研为先导，共同探索单元整体教学的建设路径和实践转化。根据不同学习需要及知识特征，学校将课型分为基础课、关键课、迁移课、拓展课、应用课，指向不同层次目标的达成。同时，将三角形和梯形面积的知识进行整合，又新增两节应用课："有趣的面积"和"网格的秘密"，帮助学生提升解决真实问题的能力。

1. 以任务群聚焦真问题

教师应专注于那些真实且具有挑战性的问题，引起学生的兴趣和好奇心，激发他们的思考和探究欲望。同时，通过设计一系列相关联的具有层次性的任务和活动，引导学生从简单到复杂，从具体到抽象，逐步深入地理解问题。

例如，在探讨应用课"有趣的面积"时，要重点讨论以下三个问题：

（1）树叶的面积如何测量？这个问题要求学生尝试运用学过的各种方法，计算出这片树叶的具体面积。这不仅需要学生回顾和应用已学的知识，还需要具备一定的实践操作能力。

（2）树叶的面积与红豆有什么关系？这个问题要求学生不仅要理解树叶面积的测量方法，还能将这种测量方法与红豆这一具体对象联系起来，探讨它们之间的内在联系。

（3）树叶的面积还可以怎样测量？这个问题旨在激发学生的创新思维，鼓励其探索和尝试不同的测量方法，从而更全面地理解树叶面积的测量问题。

2. 以巧方法激活真思考

在课堂教学中应运用多种策略和技巧激发学生思考，鼓励学生大胆表达观点，充分利用有限时间进行个性化学习。在课堂上要为学生提供深入探究的机会，留出空间让他们发现并提出新问题，充分挖掘学生的需求。

例如"树叶的面积还可以怎样测量"这个问题，学生通过检索发现了一个有趣的方法——"面积—重量关系法"。通过小组讨论，学生想到将树叶与面积为1的小正方形进行勾连，利用3D打印技术，通过测量这片3D打印的树叶和这个小正方形的质量来推算出树叶的面积。这种方法不仅新颖，而且在实际操作中也具有一定的可行性。通过这样的思考和探索，学生可以更深入地理解面积的概念，并将其应用到实际问题中。

3. 以宽视角支持真联结

以宽视角支持真联结的理念意味着教学不仅仅局限于课本上的知识点，更要将数学融入更广阔的生活和实践领域。学生在不同的情境中体验和应用数学，有助于更好地掌握数学知识，培养逻辑思维能力和解决问题的能力。

学生始终很关心学习面积知识到底有什么用，这也是教师教学时普遍存在的困惑。而应用课"网格的秘密"就是一次很好的尝试。笔者教学时从红豆切入，先尝试从整体来估算红豆的数量，引发学生思考。接下来，通过提供铺满红豆的网格这一脚手架，让学生在小组合作中逐步尝试、调整，探索出红豆数量的多少与多个方面有关——分别是选取合适的网格形状、选取红豆数量适中的单个网格估算整体网

格，以及发现用网格估算数量的方法只适用于大数量的估算。在利用网格进行估算时，学生在碰撞、反思、质疑中逐步指向从"部分"估测"整体"的本质。

学生在工具研学和实践操作的探索过程中，思维拔节生长，并将数学学习策略应用到更生活化的场景中，例如利用网格来推算树木的数量、车流量、学校操场上的人数等，培养了应用与创新意识。

4. 以多评价呵护真体验

通过多元化评价方式，如课堂观察、小组讨论、项目作业等，教师能够全面了解学生的学习情况，提供个性化的教学指导，在宽松而富有挑战性的学习环境中，培养学生数学思维和解决问题的能力，发展数学核心素养。

将学生置于真实或模拟的学习环境中，亲身体验和解决实际问题，可以让学生更好地理解理论知识，并将其转化为解决实际问题的工具。学生在实践中不断创新，学会与他人合作，使得团队协作能力得以提高。此外，以综合实践活动为载体，通过特色作业设计，学生不仅在复杂多变的问题情境中得以快速适应，还提高了解决问题的能力。

图形教学作为一座桥梁，有效地连接了直观感知与抽象思维。回顾本研究，我们围绕单元整体设计，以重构为起点，突破了传统教学的线性限制，将几何领域的知识编织成一个结构化网络；以迭代为路径，引导学生在观察、操作、猜想与验证的螺旋上升过程中，逐步深入数学的本质；以赋能为目标，在"形"与"数"的辩证统一中，培养和提升学生的空间观念与推理能力。未来，我们将持续深化单元整体教学的校本化行动，不断探索结构化教学的新样态，共同描绘以素养为导向的教育新生态。

【作者简介】李春耀，男，江苏省南京市拉萨路小学教师，一级教师，鼓楼区先进教育工作者，鼓楼区数学学科带头人，省、市级课题主持人，曾获鼓楼区微课大赛特等奖、基本功比赛特等奖；张佳雯，女，江苏省南京市拉萨路小学教师，一级教师，鼓楼区师德先进个人，鼓楼区数学学科带头人。

参考文献

[1] 中华人民共和国教育部.义务教育数学课程标准（2022年版）[M].北京：北京师范大学出版社，2022.

[2] 史宁中，曹一鸣.义务教育数学课程标准（2022年版）解读[M].北京：北京师范大学出版社，2022.

[3] 徐斌.数学单元整体教学的理性思考与实践路径[J].江苏教育，2023（1）：32—36.

[4] 郭静.工具研学：项目化学习的学科育人实践[J].江苏教育，2021（62）：71—72.

（责任编辑：印亚静）

融合与传承：小学音乐跨学科主题教学中融入民俗资源的策略研究

——以《巷子里的音乐》《节气诗乐舞》为例

◎ 白 雪 张文丹 / 江苏省南京市拉萨路小学

摘 要 《义务教育课程方案（2022年版）》提出强化课程综合性和实践性，开展跨学科主题教学，着力发展学生核心素养。笔者紧扣小学音乐跨学科教学与民俗资源融合实践，解析二者的内在联系，挖掘民俗在音乐教学中的文化、艺术等层面的多元价值，通过跨学科单元构建、资源筛选整合等举措，以目标提升、情境构建、任务导向与多元评价策略为路径，借民俗丰富音乐教学，促进学生音乐素养及文化感知力提升，助力小学音乐教育于跨学科融合中践行新课程理念。

关键词 小学音乐 跨学科主题教学 民俗资源 教学实践

在多元教育的当下，跨学科主题教学日益凸显其重要性。民俗资源作为民族文化的璀璨明珠，集民间音乐、舞蹈等多元形式于一体，蕴含深厚内涵与卓越价值，是小学音乐教学的珍稀宝藏。在音乐学科跨学科教学中融入民俗资源，可有效整合知识技能，拓宽学生视野，助力学生传承文化，提升文化素养与综合能力。

一、音乐跨学科主题学习融入民俗资源的价值意蕴

在教育不断革新的当下，将音乐与民俗资源融合，不仅是传承文化根脉的一种实践路径，让民俗中的音乐文化瑰宝得以延续，也是对日益迫切的教学资源需求的一种回应，为中华优秀传统文化教育注入了多样活力，满足了培育学生综合素养的诉求，为学生创造出更深度的学习体验，提高了学生的综合能力。

（一）传承文化根脉的核心使命

民俗资源作为民族文化的深厚根基，承载着先人的智慧结晶与精神标识，是民族历史记忆与情感纽带的生动载体。在全球化浪潮冲击下，民俗文化传承面临诸多挑战，而音乐跨学科主题学习则为其开辟了全新的传承路径。将民俗资源融入其

中，学生可借由音乐感知，深入探寻民俗音乐演变轨迹、民间舞蹈文化寓意、民俗故事价值内涵等。例如感受江南丝竹与水乡民俗的渊源，从音乐风格领悟水乡文化特质，以跨学科视角挖掘其在社会文化建构中的意义，实现民俗文化从历史走向当下、从传统迈向现代的传承使命，延续民族文化的基因，有助于学生形成正确的民族观，增强文化自信。又如，中国的传统节日常常伴随着锣鼓喧天的音乐，这些音乐节奏鲜明、旋律独特，将这样的民俗音乐融入小学音乐教学，能够让学生从小接触本土文化，了解自己民族文化的起源和发展，进而增强民族自豪感和文化认同感。

（二）丰富教学资源的内在需求

音乐跨学科主题学习追求教学资源的多元拓展与深度挖掘，传统音乐素材范畴相对局限，难以充分激发学生的创新活力与学习热情。民俗音乐种类繁多，不同地区有着特色鲜明的民俗音乐；民俗文化中的音乐元素也很丰富，除了音乐，还有与音乐相伴的舞蹈、戏剧、民间故事等。民俗资源恰似一座未经雕琢的璞玉宝藏，形式多元、内容广博。从风格迥异的民间音乐曲调，到姿态万千的民间舞蹈律动；从民俗工艺蕴含的精湛技艺与文化故事，到民间文学口传心授的传奇篇章，皆可为音乐教学注入源头活水。如歌曲《五月五赛龙会》中包含丰富的音乐节奏，其借民间传说启发音乐创作灵感，依民俗节日营造音乐情境氛围，使教学情境更真实、更生活，既充实了教学资源宝库，拓展了教

学边界，又为学生架构起音乐与生活之间的桥梁，有力提升了教学资源丰富度与鲜活度。

（三）培育综合素养的教育诉求

现代教育聚焦学生综合素养提升，传统音乐教学单一学科模式难以满足需求。音乐跨学科主题学习打破了学科壁垒，融合了多学科知识技能，民俗资源的融入则进一步强化了此目标。学生于民俗音乐、舞蹈、文学等融合学习中，既锤炼了音乐感知与表现力，同时提升了文学解读、美术创意、数学运用等多元能力。学校三年级音乐跨学科学习的主题是"家乡·生活"，旨在引导学生关注家乡日常生活中的民俗音乐与现象，例如街巷叫卖、新年踩街等，借诗词剖析内容、绘画描摹场景、历史溯源背景，深度领悟民俗文化的多元魅力；通过在课堂内外宽场域进行项目式学习，探究音乐在生活中的运用，创造有"乡味"的音乐。

二、音乐跨学科主题学习融入民俗资源

《义务教育艺术课程标准（2022年版）》倡导音乐课程的综合性与实践性，为在音乐跨学科主题学习中融入民俗资源提供了科学指引。教师依据学生素养梳理问题，融合多学科，设计出具有针对性与系统性的跨学科主题；深入挖掘教材里的文化底蕴，并突破边界，拓展教材之外的民俗文化元素；巧妙地将民俗融入欣赏、歌唱、演奏和情境表演等多个维度，激发学生兴趣，丰富教学内涵，促进学生在文化素养、创新能力等方面实现多元提升。

（一）依素养梳问题，建立学科群主题

教师从生活中的真实问题出发，遵循各学科核心素养，寻找跨学科联结点，构建以单学科为主、多学科融合共同主导的学科群主题，紧密关联音乐与民俗资源。如开展"农业物语"项目主题：数学课带领学生进行"农田收入调查"；语文课进行"稻花香里说丰年"的诗歌创作；科学课开展"绿色屋顶"的农业改造；美术课开展"蔬菜的联想"；音乐课进行"田园交响"的田间劳作音乐体验。学科群主题打破了单一学科教研组备课模式，组织开展多学科的深度研讨，以大单元理念设计跨学科主题，聚焦民俗传承价值，融教材、生活与多学科知识于一体，不仅能够激发学生多感官的知识运用，还能增强学生对传统文化价值的认同。

（二）挖教材觅资源，优选民俗素材

教材是音乐教学内容的关键源，要深挖其中民俗元素并向文化拓展。从学生视角钻研教材文化元素，有助于培养学生的音乐素养。例如歌曲《八月桂花遍地开》起源于江西革命老区，与当地农村传统的秧歌舞紧密相连，曾是人们庆祝丰收、欢庆喜庆日子时不可或缺的艺术表达形式。在教学过程中，教师可充分挖掘这一民俗文化，带领学生学习秧歌舞的十字步，尝试制作秧歌舞的扇子、手绢、彩灯等，并结合江西当地"板龙灯"的传统民俗活动，将秧歌舞融入巡游情境，感悟歌曲背后的地方风俗，品味民俗文化的独特魅力与深邃底蕴。

（三）融民俗巧施教，跃升多元素养

《义务教育艺术课程标准（2022年版）》提出，音乐学科课程内容包含"欣赏""表现""创造"和"联系"四类艺术实践，民俗资源蕴含的丰富音乐元素、独特表演形式以及深厚文化底蕴，能够深层次地融入这四类艺术实践，为音乐教学搭起连接生活与艺术、传统与现代的桥梁。例如蒙古族民歌《酒歌》，是对蒙古族人民逐水草而居生活的真实写照，在教学中可融合敬酒、接酒等一系列酒文化的习俗，展现蒙古族文化全景。又如演唱《凤阳花鼓》时，可融合当地春节踩街文化，让学生在学唱过程中不仅能感受到歌曲明快的节奏和质朴的歌词所传递出的地域风情，更能通过模拟踩街的场景，呈现花鼓、跑旱船、颠毛驴等多个方阵，按照一定的队列和步伐行进表演，深入体会凤阳人民在传统节日中祈求丰收、欢庆新年的热烈氛围与民俗内涵。

三、音乐跨学科主题教学中融入民俗资源的实践探索

在音乐跨学科主题教学融入民俗资源的实践中，须依据课程标准与学生特点，打造多元教学策略。通过创设情境化教学，结合生活实例与民俗文化，激发学生兴趣。设计任务驱动活动，促进多学科知识融合运用，实施多元评价，全面考量学生在知识、技能、情感等方面的成长，以提升教学质量与学生素养。

（一）目标进阶，紧扣素养立意

音乐跨学科主题教学融入民俗资源对培育核心素养至关重要。其目标进阶遵循螺旋式上升路径：借民俗元素夯实基础音

乐知识技能，构建认知框架，深挖民俗文化内涵；借多元艺术实践提升文化理解层次，进而依民俗情境激发审美与创意灵感，实现审美感知与创意实践协同发展。

以《节气诗乐舞》为例，设计进阶目标如下：

1. 低阶目标：感知与体验

让学生感知不同节气对应的诗歌和音乐的情绪。如在立春时节，让学生感受欢快、充满希望的音乐情绪与描写立春的诗歌的契合度。

2. 中阶目标：理解与表现

理解节气的文化内涵，并能将诗歌、音乐和舞蹈进行初步的融合表现。如芒种，学生应能理解这是一个农事节气和"有芒的农作物忙收忙种"这一文化意义，将表现田间繁忙的音乐舞蹈与描写芒种画面的诗歌结合进行表演。在《节气诗乐舞·芒种》课例中，教师首先从基础音乐知识技能层面，从"芒""忙"字形字音比对切入，引导学生洞察汉字表意差别，并巧妙迁移至音乐情境，借用《杨柳青》的欢快活泼匹配"忙"、《春晓》的舒缓灵动契合"芒"的风格甄别，精准捕捉音乐表达的特质，初步架构音乐意象与文字符号的关联，筑牢音乐理解的根基。在文化理解维度，借芒种童谣吟唱演绎、田间劳作舞蹈创作、陆游节气诗词咏唱等多元活动，深度开掘节气文化富矿。学生从童谣的明快节奏中感知农忙氛围；于舞蹈创编中模拟农事动作韵律，体悟劳动节奏与生命律动；透过诗词意境解读古代文人的田园情怀与时代文化印记，跨越时空与传统文化深层对话，

充实音乐文化内涵。

3. 高阶目标：创造与传承

深入挖掘节气文化，审美感知与创意实践维度协同共进、迭代升级。让学生依诗词韵律架构、情感色彩基调，自主雕琢舞蹈姿态，创新旋律架构与节奏范式，创作出富有创意的诗乐舞综合作品，全方位激活审美潜能，达成艺术核心素养整合攀升，凸显音乐教育人文与艺术双重价值，同时能够传承和弘扬节气文化中的音乐艺术和民俗内涵。

（二）唱游情境，关联生活世界

在跨学科教学理念的指引下，真实情境创设成为音乐教学与民俗资源融合的关键桥梁，其核心在于紧密关联学生的生活世界。通过精心构筑源自生活的音乐情境，有机融合民俗文化元素，为学生搭建起沉浸式学习场域，不仅能激活学生多元感官体验，促进其深度领悟音乐与民俗交织的魅力，更能激发其跨学科知识的自然迁移与协同运用，培育学生在复杂情境中解决问题的综合素养。

以《巷子里的音乐》一课为例，教师先播放北方叫卖调视频，引导学生回忆家乡（扬州、徐州、南京等地）的叫卖调，借方言吆喝展现地域风俗，学生直观体验民间音乐魅力，领会音乐风格差异；课中展示南京方言文化相关物品，如旧冰棒箱、五香豆等，学生仿若置身往昔街巷，沉浸在民俗情境中。教师还组织学生赴南京非遗馆等实地探寻叫卖调，将学习场域转移至方言工作室，与艺人交流互学，亲身体验民俗活动，触摸民间音乐文化脉络。此

类情境创设立足生活、着眼体验，不仅提升了音乐教学效果，更促进了学生传承民俗文化、深植文化自信、拓展综合素质。

（三）任务驱动，重视艺术实践

郭华教授曾说："真正的教学任务驱动，是要让学生在真实情境中解决复杂问题，在做事中学会做事。"在音乐跨学科主题学习中，任务驱动的有效实施是开启深度融合与全面提升之门的关键钥匙。其实施路径应以学生为中心，深度挖掘音乐与民俗资源以及多学科知识的内在联系，设计出富有层次与逻辑的任务链。第一，要精准定位学习起点，基于学生已有的音乐素养和跨学科知识储备，确定初始任务的难度与范围。第二，要沿着从易到难、从简单到复杂、从知识感知到实践应用的脉络，逐步拓展任务的广度与深度。第三，在整个任务推进过程中，注重任务之间的衔接与过渡，设置阶段性的反馈与评估环节，及时调整任务方向与要求。

例如，在《节气诗乐舞·芒种》课例中，以"忙·农耕文化"和"芒·自然生活"为任务驱动，引领学生开启多学科融合的学习之旅。在"忙"的任务中，选取极具农耕画面感的教材音乐《杨柳青》，搭配插秧、挑秧等富有方位感与层次感的舞蹈动作，生动呈现芒种时节田间的民俗景象。接着在针对"芒"的任务时，教师引导学生在音乐中用动作模拟植物生长姿态，并结合诗句体会其中满溢的希望情绪，将这种情绪融入吟诵与歌唱之中。这一环节融合了科学学科的植物生长规律认知，语文学科的诗词理解与吟诵，以及音乐形象

与情绪感知表达等多元内容。

借助任务驱动模式，学生可以有机融合多学科知识技能，培育结构思维与创新能力，深化对民俗音乐文化的感悟，激发音乐学习热情。各学科知识紧密交织，达成知识、情感与审美的和谐共鸣，促使学生在领略音乐之美的同时，树立对劳动的尊重、对自然的热爱以及对传统文化的自豪之情，实现综合素养的全面发展。

（四）评价激励，焕发音乐潜能

跨学科学习打破学科壁垒，促使知识体系交互联通，让学生在多元知识网络中探索实践。多元评价体系紧密贴合这一模式，它跳出传统评价的框架，涵盖跨学科知识的理解与迁移应用，以多学科融合的视角全面看待学生。比如在评价学生基于民俗音乐创作的作品时，除了考量旋律、节奏、演唱或演奏技巧等音乐元素外，还要关注作品中体现的历史文化内涵、文学性表达、美术设计元素的融入和结合等。同时，对学生在学习过程中的学习态度、团队协作精神、创新思维的展现以及解决问题的能力等方面也要进行综合评定。

例如《巷子里的音乐》，课堂中教师评价学生演唱《卖冰棒》《卖豆子》时的音准、节奏及方言韵味诠释，重点观察旋律上扬、拖腔表现；演奏响器时则评价节奏稳准、配合默契度等。文化理解方面，借讨论"叫卖调方言与地域文化联系"观察学生洞析方言、民俗与音乐之间关系的敏锐性。在"我的叫卖调"创编中，教师组织小组展示汇报作品，欣赏每一组的作品；作品展示后，组织学生从创意构思、表演形式新颖度及

多学科融合巧思方面进行交流，互相评价，并收集学生的反馈意见，综合评价学生作品；还可以邀请方言工作室专家、方言传承人、家长等共同参与，进行多主体评价。多元评价体系全方位探寻学习成效，激发潜能，充分挖掘学生的艺术潜能，提升文化传承素养，达成音乐教育与民俗传承的共进。

蒙台梭利曾说过：我们所需要的是儿童整个的身体和整个的心灵来到学校，并以更圆满发展的心灵和甚至更健全的身体离开学校。小学音乐跨学科主题教学中融入民俗资源是一种有益的尝试，它为小学音乐教学注入了新的活力。在未来的教学中，我们应继续努力，不断完善教学方法和策略，让更多的学生受益于这种教学方式，更好地了解和传承传统文化，提高音乐素养和综合素质。

【作者简介】白雪，女，江苏省南京市拉萨路小学教师，一级教师，南京市优秀青年教师，南京市艺术领域先进个人；张文丹，女，江苏省南京市拉萨路小学教师，一级教师，鼓楼区音乐学科带头人，鼓楼区先进教育工作者，鼓楼区师德先进个人。

参考文献

［1］ 中华人民共和国教育部.义务教育艺术课程标准（2022年版）［M］.北京：北京师范大学出版社，2022.

［2］ 中华人民共和国教育部.义务教育课程方案（2022年版）［M］.北京：北京师范大学出版社，2022.

［3］ 王耀华.中华民族音乐文化的国际传播与推广——传播内容的层次性、适应性和"变"与"不变"［J］.中央音乐学院学报，2014（3）：95—100.

（责任编辑：印亚静）

搭建跨学科学习支架 探索大单元阅读学习

◎ 张怡文 芮舒云 / 江苏省南京市拉萨路小学

摘 要 语文"跨学科学习"是以学习国家通用语言文字运用为目标的多学科融合的实践活动，更是一种重过程、重体验的学习方式。以单元为设计实施的单位和载体，立足语文学科本位，整合多维资源，搭建跨学科学习支架，能够为学生大单元阅读提供有效的学习支持，提升学生阅读能力和跨学科问题解决能力，有效促进学生语文核心素养的发展。

关键词 跨学科 大单元阅读学习 学习支架

《义务教育课程方案（2022 年版）》明确提出，"各门课程用不少于 10% 的课时设计跨学科主题学习"。《义务教育语文课程标准（2022 年版）》（以下简称"新课标"）更是将"跨学科学习"作为课程内容列入拓展型学习任务群。跨学科主题学习作为一种综合性、实践性的学习方式，强调通过整合不同学科的知识和方法，在实践中培养学生的综合素养。在语文学科学习中，依据统编版教材的单元编写体例，在单元阅读学习中开展跨学科主题学习，借助学习支架的设计与应用，能够帮助学生更全面地理解文本内容，提升阅读能力和综合素养。

一、综合实践：跨学科学习支架的价值意蕴

崔允漷教授明确提出，"从实践策略看，

跨学科主题学习应注重实施单元化，以单元作为设计实施的单位和载体"。跨学科主题学习强调知识的整合与应用，旨在通过跨学科的知识融合，培养学生的综合素养和创新能力。在这一框架下，单元阅读中的学习支架成为不可或缺的支撑力量，构建起一座学习桥梁。

（一）跨学科学习支架的内涵阐述

学习支架的概念引自维果茨基的"学习的框架"。学习中，儿童的认知和心理发展须寻求外界辅助，由成人帮助搭建的学习支架至关重要。跨学科主题学习是指围绕一个中心主题或问题，将两门或以上学科的知识、技能和方法进行有机融合，以促进学生综合运用知识解决实际问题。大单元阅读强调阅读的连贯性和整体性，旨在提升学生的阅读理解能力、批判性思维

和问题解决能力。

跨学科学习支架指在任务驱动下引导学生穿越"最近发展区"，运用不同学科的知识和技能来解决具体问题，为提高潜在的发展水平而提供的各种辅助性帮助措施。在跨学科主题学习中，构建多样化的学习支架是支撑学生有效完成学习任务、提升综合素养的关键。

（二）跨学科学习支架的思维重塑

1. 突破跨学科学习形式化的困境

跨学科学习对教师的专业素养及理解能力有着较高要求。在目前的跨学科主题学习中，存在着大量形式化的"跨"，或是简单地拼凑多学科知识，或是忽略主要学科，本末倒置，甚至存在追求成果的不充分教学。而搭建跨学科学习支架，坚持了学科本质，明确了学习路径，指向在真实情境中解决问题的过程，有助于突破跨学科学习形式化的困境。

2. 渗透跨学科学习学科精神

单元阅读聚焦阅读能力提升目标，整合统编版语文教材单元固有的以及具有内在关联的内容，以任务引领学生进行阅读实践，将语文要素转化为学生语文能力的教学主张。搭建跨学科学习支架，综合运用其他学科中有助于语文学习的知识、方法和视角，渗透跨学科学习的意识和学科精神，不仅能促进知识的整合与创新，更能培养学生跨越学科边界去思考和解决问题的能力。

二、多维融通：跨学科学习支架的设计路径

在跨学科主题学习的探索与实践中，

构建科学、有效且富有吸引力的学习路径是至关重要的。学习路径不仅是学生通往知识殿堂的导航图，更是激发他们学习兴趣、培养综合素养和创新思维的桥梁。通过精心设计的学习任务与多元化的学习支架，可以引导学生在充分的学习活动中进行主题学习。

（一）学科本位，找准跨点

跨学科主题学习的关键在于立足语文本位，寻求不同学科之间的关联，开展"为语文"的综合实践活动。因而，引导学生精准定位各学科间的融通交汇点，基于主体学科的学习要求确定跨学科学习主题，努力编织知识网络就显得尤为重要。

如一年级上册第五单元教材内容皆与自然四季相关，可联结学生的真实生活和已有经验，以"创办晓小四季馆"的学习情境整合学习内容，运用美术和科学的相关知识能力搭建跨学科学习支架。从学习目标来看，活动仍指向在朗读四季美文中感受四季美景，运用语言文字表达对四季的赞美与喜爱，实现语文素养的提升。从学习内容来看，在科学"秋叶博物馆"和美术、劳动"晓小四季展"中，虽选取了跨学科的学习材料和评价内容，但仍突出了语言文字的学习与运用。

（二）资源整合，有效联结

设计富有情境性、实践性和综合性的学习任务，是促进学生深度学习和全面发展的重要途径。如四年级"山水城林"这一跨学科主题学习，立足统编版语文教材四年级下册第五单元"观景写景"的游记主题，依托学校"读城"学程周实践平台，

通过融合多学科的知识与技能，让学生在实践中探索、在合作中成长、在创新中发展。

1. 文学与历史的交织

通过阅读关于南京金陵的文学作品、历史资料和旅游指南，学生将深入了解南京的自然景观、人文历史和文化内涵。在此基础上，小组合作选择感兴趣的景点进行深入探索，分析地理位置、历史背景、文化特色等，撰写探索报告并在班级分享。这一过程旨在拓宽学生的知识视野，提升其信息筛选、整合与表达能力，同时培养其批判性思维和跨学科整合能力。

2. 数学与生活的融合

小组合作利用数学知识绘制南京金陵游览地图，结合地势、用时、距离、交通等因素合理规划游览路线，并计算总时间和距离。通过展示地图和路线规划方案，学生不仅在实践中应用知识，还提升了空间认知、逻辑推理和问题解决能力，同时锻炼了团队合作与项目管理能力。

3. 美术与表达的交融

结合对金陵山水和文化的理解，小组合作进行美术创作，绘制金陵美景、历史人物或文化符号，通过作品表达对金陵文化的理解和感受。展示与解说创作过程，不仅激发了学生的创造力和想象力，还加深了他们对金陵文化的理解与认同，提升了审美素养和文化自信。

三、能力进阶：跨学科学习支架的搭建应用

在跨学科主题学习的实践中，以下策略支架旨在通过跨学科的方法，有效支持学生在单元阅读过程中的学习，提升他们的阅读能力和跨学科思维能力。

（一）资源支架

资源支架通过整合多学科资源，为学生提供丰富多元的学习环境。学生在运用此类支架时，可以像逛超市一样，根据自己的兴趣和需要选择学习资源，接触不同学科的知识。借助资源支架，通过自主探索和资源整合，学生能够构建跨学科知识体系，为创新实践打下坚实基础。

在语文跨学科主题学习中，语文仍是主导学科，因此与主题相关的文学作品库是重要的资源支架。在一年级"晓小与四季"中，教师提供与四季、树叶相关的儿童诗供学生诵读。在四年级"山水城林"中，教师引导学生搜索关于南京的古代诗词、现代散文等文学作品。这些与主题相关的作品不仅有助于学生进一步了解跨学科学习的主题，还能提升他们的文学素养和审美能力。

（二）任务支架

为帮助学生实现思维进阶，需要在跨学科主题学习中为他们搭建"思维桥梁"——有挑战性的跨学科学习任务。任务要求运用多学科的知识和方法，进行真学习、解决真问题，最终完成真任务。在此过程中，学生实现思维能力和认知水平的进阶提升。学生在领取任务后，就有了明确的学习方向，围绕该任务展开系列学习活动，实现不同学科间知识的融会贯通和综合运用。

如一年级跨学科主题学习在"创办晓

小四季馆"这个主任务的引导下，分解为两个跨学科的子任务：语文和科学的跨学科子任务之"秋叶博物馆"；语文、美术和劳动的跨学科子任务之"晓小四季展"。两个子任务的目标明确，所跨学科的学习内容适合一年级学生，选取的跨学科学习材料和评价内容，突出了语文学科的主体地位，强调了语言文字的学习与运用。

在"山水城林"跨学科主题学习中，学生围绕"我为南京代言"主任务，完成了"我的问题池""制作游览攻略""撰写金陵游记""发布创意成果"等子任务。在任务驱动下，学生深入了解南京的历史文化、风土人情、现代发展等，综合运用多学科知识，最终展示学习成果。这种策略不仅能够提升学生的阅读能力，还能培养他们的实践能力、团队合作精神和跨学科思维能力。

（三）工具支架

教师应引导学生根据学习任务的需要，选择合适的学习工具，如信息技术工具、实验器材、艺术作品创作工具等，并根据学习需求，熟练掌握其使用方法，学会综合运用学习工具，更高效地完成跨学科主题学习任务，提升学习效率。

以信息技术工具为例，与跨学科主题学习相关的图片、视频、音频等多媒体资料，都能转变为学生学习的工具，生动形象地展现学习探究主题，激发学生的学习兴趣和探索欲望。如在语文一年级上册第五单元的整体教学中，依托平板电脑中的资源包及希沃白板中的移动功能，学生更直观地体验到四季的特点，更便捷地完成

了学习任务。在AI技术高度发展的当下，AI也能助力跨学科主题研究，如使用AI，通过语音描述与修改，为想象中的四季配图。在多媒体资源的支持下，可有效提升学生跨学科学习的实践性。

（四）范例支架

范例支架为学生树立了学习的标杆，不仅展示了作品的特点和表达方式，还引导学生分析作品背后的文化内涵和艺术价值，为他们的阅读和创作提供直接的借鉴和参考。通过模仿与创新，学生能够逐渐掌握跨学科表达的核心要素，提升作品的质量和深度。

在课堂中，课文就是优秀的范例支架，教师在进行课文内容讲解与赏析时，便为学生提供了仿写支架。不同年段的跨学科主题学习，都是由语文课文漫溯开去，通过品析课文中的结构布局、语言风格、细节描写等方面的特点，引导学生感受课文表达的妙处，并尝试模仿其中的手法自主创作。

为了进一步完善和拓展学习路径，可以通过网络广泛搜集相关资料，提供更多的范例支架。例如在绘制金陵导览图时，设计合理、信息丰富的游览地图，可充分展示地图的布局、标记方式、颜色搭配等方面的技巧，指导学生绘制清晰、实用的游览地图，并结合自己的游览路线进行实践；在搜集与南京山水和文化相关的优秀美术作品，如国画、油画、水彩画等时，可展示其艺术风格和表现手法，鼓励学生观察和分析这些作品，激发自己的创作灵感，尝试用画笔表达自己对金陵文化的理

解和感受。

（五）链式支架

教师可以以问题为导向，将不同学科的问题串联起来，形成跨学科的问题链式支架，在阅读过程中融入其他学科的知识和方法，串联起科学、语文、美术等学科，实现对多学科知识的综合运用。如在"山水城林"主题中，教师在学生绘制金陵导览图前，便引导学生思考如下三个问题：计划去哪个景区游玩？选择景区中的哪个景点？如何规划游览线路？

这三个链式问题在顺序上层层递进，这一课便围绕这三个问题展开，设置"明确游览地点""学习课文写法""绘制导览地图"三个活动环节。再结合《记金华的双龙洞》一文中游览顺序的讲解，学生能够经历思维的步步进阶，由大景区聚焦到小景点，最后指向完成一份创意导览图。

综上，跨学科主题学习在语文课堂中的应用需要依托学习支架的设计与应用。通过构建适合学生的学习支架，能够引导学生综合运用多学科知识解决实际问题，提升综合素养和创新能力。这些支架的应用不仅有助于提升学生的阅读能力和跨学科问题解决能力，还能激发其学习兴趣和探索欲望，为学生的全面发展奠定坚实基础。

【作者简介】张怡文，女，江苏省南京市拉萨路小学教师发展部副主任，一级教师；芮舒云，女，江苏省南京市拉萨路小学教师，一级教师。

参考文献

［1］中华人民共和国教育部.义务教育语文课程标准（2022年版）［M］.北京：北京师范大学出版社，2022.

［2］崔允漷，郭洪瑞.跨学科主题学习：课程话语自主建构的一种尝试［J］.教育研究，2023，44（10）：44—53.

［3］郭华.跨学科主题学习及其意义［J］.文教资料，2022（16）：22—26.

［4］张华.论理解本位跨学科学习［J］.基础教育课程，2018（22）：7—13.

［5］洪安琪，王荣生.语文"跨学科学习"：概念特征与设计实施［J］.天津师范大学学报（基础教育版），2024，25（5）：71—75.

（责任编辑：印亚静）

义务教育阶段学校职业技能教育的实践探索

——以启东启迪外国语学校为例

◎ 李建成／江苏省启东启迪外国语学校

摘 要 当下，义务教育阶段学校缺乏对学生职业意识和职业技能的培养。启外将职业技能教育贯穿整个教育过程，探索实践路径如下：在办学理念中凸显职业技能教育，在校园环境中设置职业技能训练设施，在学校课程中设立职业技能科目，在课堂教学中融入职业技能训练，在社会活动中引导职业技能实践，在学业评价中纳入职业技能训练相关标准。

关键词 义务教育　学校　职业技能　教育实践

《中华人民共和国教育法》明确规定："教育必须为社会主义现代化建设服务、为人民服务，必须与生产劳动和社会实践相结合。"启东启迪外国语学校（以下简称"启外"）是一所十五年一贯制的民办学校，其在创办之初便积极探索在义务教育阶段对学生进行职业技能教育，帮助他们从小就开始规划人生，学习职业技能，掌握建设社会主义现代化的本领。

一、义务教育阶段学校职业技能教育的内涵

（一）义务教育阶段学校职业技能教育的界定

义务教育阶段学校职业技能教育，是指在义务教育阶段，学校从未来社会和经济发展对人才的需求出发，围绕培养学生从事某些职业的技能要求，对他们开展职业基础知识和基本技能教育，进而培养学生的专业能力和综合素养，为他们在未来职业生涯中更好地发展奠定基础。

（二）义务教育阶段学校职业技能教育的特点

一是基础性：义务教育阶段的职业技能教育以培养学生的职业基础知识和基本技能为核心。二是实践性：义务教育阶段的职业技能教育强调学生的实践操作和技能培养。三是融合性：义务教育阶段的职业技能教育应与普通教育相融合，学生在学习必要文化知识的同时，还要进行职业技能的培养。

二、义务教育阶段学校职业技能教育的意义

（一）社会发展的需要

随着社会经济和 AI 技术的迅猛发展，未来社会的职业结构将面临根本性的变革，与 AI 相关的行业将成为新的主流；同时，未来社会需要更多的工匠型人才。从某种意义上说，AI 应用技术的学习和工匠型人才需要从小开始培养，这便要求从义务教育阶段开始就应注重培养学生的职业技能。

（二）教育改革的需要

联合国教科文组织发布了题为《一起重新构想我们的未来：为教育打造新的社会契约》的报告。该报告重新定义了教育，认为教育应引导我们共同创造一个和平、公正且可持续的未来；报告也对教育的功能进行了全新的界定，强调教育的核心使命在于培养学生掌握在 21 世纪职场中所需的关键技能。我国颁布的《义务教育劳动课程标准（2022 年版）》明确提出义务教育阶段要培养学生的劳动观念、劳动能力、劳动习惯和品质、劳动精神，所以应加强学生的劳动技术教育。

（三）学校教育的需要

启外在创办之初便针对当前教育过于关注知识教育的局限和部分家长的教育需要，提出"创办属于每个人自己未来的学校"这一办学目标和"让每个人成为创新世界的主人"这一培养目标，旨在加强对学生建设世界、创新世界能力的培养。

（四）生命成长的需要

每个生命体都蕴含着自我实现与成长的内在动力，其成长过程不仅依赖于对人类历史智慧的间接吸收，更离不开个体亲身参与实践活动，直接构建并积累宝贵的实践经验。因此，动手实践技能是生命成长不可或缺的一部分，应在义务教育阶段融入职业技能教育。

三、义务教育阶段学校职业技能教育的实践

（一）在办学理念中凸显职业技能教育

办学理念是一所学校的发展方向和行动指南。它不仅体现学校的教育特色和追求，明确学生的成长方向，还直接影响师生的教学行为。

1. 将职业技能教育融入学校发展愿景

办学愿景是学校开展各项教育教学活动的行动方向，为了引导教师强化学生职业技能教育，启外针对当下很多学校片面追求升学率这一弊端，基于"成长教育"的校本教育哲学，从未来社会发展、人的生命发展和教育改革需要出发，提出"让世界与我们共同成长"的办学愿景。这一愿景不仅关注师生的生命成长，更强调通过职业技能教育，使师生具备改善生活世界、开创美好未来的能力。

2. 将职业技能教育纳入校本价值追求

校本教育价值不仅是学校教育的目标，更是师生共同遵循的行为准则，指导着他们的教育教学活动。为了引导教师强化学生职业技能教育，启外基于教育的育人功能、自身发展和社会影响，提出了"发展师生、发展课程、发展世界"的校本教育价值。这一校本教育价值体现了学校致力

于从小培养学生的职业技能，推进职业技能教育全面实施的价值追求。

（二）在校园环境中设置职业技能训练设施

职业技能训练需要特定的场所和设施，这些场所和设施要便于学生在真实情境中学习和实践。

1. 建立农业职业技能训练基地

农业职业技能的形成需要通过在农业基地中进行生产实践来实现。为了培养学生的农业技能，启外基于学生农业技能训练的需求，科学安排了教育场所的布局，尤其重视农业基地的规划、设计与建设。校园内设计并建设了蔬菜、水果、花卉种植园以及鱼类养殖池等。通过利用这些基地开展实践活动，学生学习了植物栽培与动物饲养的知识和技术，有效提升了农业技术水平。

2. 建立现代职业技能实践场馆

运用信息技术解决社会生活问题的技能是未来社会每个人必须具备的素养，这种信息职业技能的培养需要通过相应的场馆实践来实现。为了给学生营造现代信息技术实践的环境，启外根据学生职业技能训练的需求，建设了电脑室、STEAM实验室、AI实践运用室等20多个实践场馆，为学生提供了丰富的学习、实验和实践机会。通过利用这些场馆，并根据课程标准要求和学生学习需要安排相关课程，使学生在实际操作过程中学习到相应的职业技能，有效提升了实践和创新能力。

（三）在学校课程中设立职业技能科目

课程是学校实施职业技能教育的载体，也是提升学生职业技能水平的保障。

1. 开设多元化职业技能训练课程以激发学生兴趣

学生经历课程的学习才可能形成相应的技能，学校应为学生提供多元化的职业技能训练课程。启外从日常生活和工作的实际需求出发，设计了烹饪与营养、家政服务、家用器具的使用与维护等课程；针对社会服务领域的需求，开发了社会管理、模拟法庭等课程；为满足管理岗位的专业需求，提供了管理艺术、卓越管理者培训等课程；顺应科技发展趋势，引入了AI实践运用、"互联网+"等课程；同时，在艺术创作方面设置了影视编导、主持播音、美术设计等课程；此外，还结合劳动实践开设了手工创作、小型种植及养殖等课程。截至目前，学校推出100多门不同类型的职业技能选修课，每个学生每学期从中挑选两门进行学习，每门课程每周安排6个课时。丰富多样且贴近实际应用的课程设置，帮助学生从小就能够学习并掌握面向未来的实用技能。

2. 开发个性化职业技能训练课程以挖掘学生潜能

每个人都有自己的天赋，也都有自己喜欢做的事情。为了帮助学生发展其潜能，启外设计了一套旨在挖掘个人潜能的定制化课程体系。学生可根据自身兴趣及未来职业目标，向学校申请开设自己最感兴趣的一对一挑战课程。这类个性化课程完全由学生自主提出，也由他们从校内外选择合适的教师。教学时间和内容由师生双方协商决定，以满足学生的特定学习需求。

至今为止，已有约20%的学生参与了涵盖艺术、新技术体验与应用、现代服务、商业管理、语言学习等多个领域的个性化课程，更好地挖掘了自身的职业潜力。

（四）在课堂教学中融入职业技能训练

课堂作为职业技能教育的重要阵地，如同熔炉一般锻造着学生的专业技能。

1. 在国家课程实施中融入职业技能训练

国家课程为学生提供了系统化的理论知识基础，职业技能训练则将这些理论知识转化为实际操作能力，使学生在掌握理论的同时内化为核心素养。启外围绕"三个发展"的校本教学价值教学国家课程：首先引导学生根据教材内容，与教师共同构建知识背后的生活情境，理解知识源于生活需求；其次鼓励学生根据自身认知方式，在真实或模拟的生活情境中构建知识体系，探索知识形成的规律；最后指导学生在新的生活情境下运用所学规律解决问题，形成相应技能。这种贴近生活的教材重构方法，旨在推动学生在探究中发现新知，运用新知改造现实世界，并在解决生活问题中发展技能。

2. 在校本课程实施中突出职业技能训练

校本课程主要是针对知识转化为技能需要而设置的课程形式，这种专业技能课程的教学应重点突出学生职业技能的实践训练。启外聚焦学生发展兴趣的拓展课程和挖掘潜能的挑战课程等校本课程开设需求，根据职业技能主要源于个体工作经验提炼的本质，在校本课程项目的技能培养上，突出师徒式教学——精准对接每个学生的兴趣点与实际状况，量身定制教学目

标、内容及方法。这种"一对一"或"一对多"的师徒式校本课程实施方式，强调经验传承与技能实训的深度融合，不仅拓宽了学生的兴趣，更有效地促进了他们职业技能水平的提升。

（五）在社会活动中引导职业技能实践

职业技能是人们从事社会工作的能力，习得职业技能的最佳学习场所应在社会职业技能训练基地，通过开展社会活动促进学生不断形成职业技能。

1. 架构社会职业技能实践基地

为了便于学生开展职业技能训练，推进资源共享，让他们将来能够适应真实工作环境，启外高度重视开发利用各种社会场所，将其作为学校职业技能训练的实践基地。目前，学校已将中国科学院上海微系统与信息技术研究所等38家单位作为科创实践基地，将启东海工船舶工业园和启东生命健康产业园等作为工业实践基地，将盐生植物园等场所作为农业实践基地，将张謇纪念馆作为文化实践基地。此外，启外还在国外建立了诸多社会实践训练基地……这些社会实践基地，为学生提供了丰富的职业技能体验场所。

2. 开展社会职业技能实践活动

为了让学生的职业技能得到锻炼和提升，增强他们的实际操作能力，启外一方面根据学生身心发展、劳动课程实施和职业技能训练需要，每月安排一天作为社会实践活动日；另一方面，根据职业技能形成规律和学生学习实践需要，每年寒假安排一周、暑假安排两周社会实践活动。在实践过程中，每个学生像工作人员一样按

照岗位操作规范参与劳动。通过参与社会实践活动，学生的职业实践技能得到极大提升。

（六）在家庭教育中拓展职业技能培养

家庭是职业技能培养的摇篮，家务劳动是技能训练的一项重要方式。家长是孩子的第一任教师，其认识和做法对孩子的职业选择和技能提升均有一定影响。

1. 让家长引导孩子开展家务劳动技能训练

家务劳动本身是一种职业技能，启外特别注重引导家长通过家务劳动对孩子进行职业技能训练。首先，注重提高家长认识。通过家长学校，引导家长认识到孩子参与做家务是将科学文化知识运用于社会生活，是改造和发展生活世界的一种职业技能。其次，注重引导家长实践。孩子完成家庭作业后，家长和孩子一起参加烹饪、种植蔬菜和花草，开展家庭小创造，让孩子在家务劳动中发展自己的职业技能。

2. 让家长引导孩子参加模拟职业技能训练

模拟训练是职业实践的一种形式，启外积极引导家长根据孩子的兴趣和职业愿景，帮助他们联系并安排职业技能训练项目和实践场所。这种由家长组织安排的"实战式"职业技能训练，有效拓展和培养了孩子的职业技能。

（七）在学业评价中纳入职业技能训练相关标准

学业评价是促进职业技能教育健康实施的重要手段，其评价内容和方式直接影响教师的教学方式和学生的学习方式。

1. 在国家课程评价时融入职业技能考核

国家课程的评价方式对职业技能训练的实施有着重要影响。启外在设计国家课程评价时，一方面，通过笔试的形式对学生每门学科"四基"的掌握程度进行考查，促进他们必须掌握"应知应会"的基本技能和基本活动经验；另一方面，根据每门学科特点，对学科课程中的动手实践能力进行专项考核，例如小学数学和科学、中学理化生学科以实验操作方式考查实践操作能力，美术、劳动和信息技术学科以手工制作、动手操作等方式考查实践运用能力……通过考查国家课程中的动手操作能力，有利于促进学生加强动手实践能力的训练，进而将其转化为个体的职业技能。

2. 在校本课程评价时突出职业技能考核

校本课程的评价机制在职业技能训练中扮演着关键角色。启外在设计校本课程评价时，不仅关注学生对专业知识的掌握程度，更注重考查他们的动手能力和创新能力。兴趣拓展课程和"一对一"挑战课程的评价，由他们自主申报评价考核项目，自选制作的作品进行评价。这一课程评价改革不仅引导教师和学生关注职业技能的教与学，也促进校本课程的健康实施。

总之，启外通过实施职业技能教育，不仅增强了学生学习职业技能的意识，培养了他们热爱劳动的习惯和工匠精神，而且还提高了他们的劳动技能。

【作者简介】李建成，男，江苏省启东启迪外国语学校党支部书记、校长，高级教师，江苏省特级教师，"江苏人民教育家培养工程"培养对象。

建有情趣的学校　做有情趣的教育

◎ 罗刚淮　徐春明 / 江苏省溧阳市外国语小学泓口校区

摘　要 学校建设需要加强文化建设，"以文化人"是很多学校和校长的追求。学校文化当以情趣为要，也许并不奢华繁复、文化浓稠，但是富有生活气息和情感，富有心灵相通、精神慰藉的元素，反倒能深入人心，让人甘之如饴。本文围绕建设有情趣的学校文化展开探讨，校园环境需要美而有趣，课堂需要充满情趣，校园活动应该洋溢情趣，学校管理也应散发情趣，这样的校园才可能建设成为"让学生终生回眸的精神家园"。追求校园的情趣和教育的趣味，是让教育重回正道，散发人性光辉的必由之路。

关键词 学校文化　情趣　环境建设　学校管理

当下，校园建设热潮涌动，学校文化建设蓬勃兴起。然而，真正能让师生"走心入脑"、心生热爱的学校文化却并不多见。校长深知学校"以文化人"，通过学校文化实现师生自主、自治与蓬勃发展才是真理，但学校以何"文"、如何"化"人，着实考验校长的见识与智慧。在一次针对学校管理者的培训中，主讲教授让学员用关键词描绘理想学校，结果显示"高升学率""多才多艺""美丽校园"等关键词位居前列，而关乎学生思想、情感和精神养育的关键词却寥寥无几。教授感慨，缺乏趣味和感情的学校文化，会使师生沦为社会机器，而非高贵的人。教授的话让人汗颜，也让人豁然开悟。"好看的皮囊千篇一律，

有趣的灵魂万里挑一。"这句话警示我们，学校文化建设应以情趣为要，让文化富有生活气息与情感温度，深入人心，真正实现育人功能。

一、环境富有情趣

校园环境需要美，将校园建成花园以美育人，出发点没错，但校园又不同于公园、景区，它负载着育人功能。马克思说过："人创造环境，同样，环境也创造人。"校园基础建筑、设施等要符合未成年人的身心需求，一些拐角、围凳、路沿、花木等细节都要进行防护设计和布排，更别说用作教育的主题场域和物型课程了。一所学校如果前期设计、施工没有足够用心，

后期使用必然带来无尽的烦恼和伤害。

当前，不少学校高楼大厦鳞次栉比，场馆设施高档奢靡，材质用料精细考究，俨然成为风景。有些新建学校重硬件轻软件，重外表轻实用，学校粗看起来楼高光鲜，细看起来粗糙不堪，实用性不强，缺乏教育寓意。新学校从设计开始就应该有校长和办学团队参与，建设中途应该全程跟进，及时提出改进意见，验收后才能交付使用；老校园升级改造也应该综合学校的建筑格局和使用情况，联系历史和未来，尤其要引入学校师生的想法科学规划。

细观校园文化建设，可分三个层次：一是装点美化、率性布置阶段。校园文化缺乏整体构思，看到墙太空，弄些学生作品装点一下；看到拐角难看，用幅宣传画遮挡一下。校园文化缺乏主题、缺少章法，满目繁花却一片空白，留不下标志性的文化印象。二是系统规划、审美设计阶段。学校文化经过专业人士设计，能结合办学者的思想和师生需要，科学利用校园空间布局，校园移步换景美轮美奂，有较好的审美，给人留下美好印象。当然，校园文化多是从成人的角度设计和美化，关注学生的元素很少。学生生活其中就像是做客，新鲜又陌生，"可远观而不可亵玩焉"，产生不了归属感和温馨感。三是儿童本位、富有情趣阶段。学校文化设计以儿童为中心，系统规划校园的各个主题场域，设置物型课程。比如，低年级教学楼设计成童话城堡、动力火车等造型，教室改装成树洞、车厢、演播厅等，教学楼前放置有启迪寓意的雕塑，如金钥匙、问号、飞翔、书、滴水穿石等，宣传栏设置成一组铅笔和作业簿、鸟儿衔信等，冬天给树木穿上彩袜子（其实是在包裹物上涂色），用废旧轮胎沿着花池边摆上造型……这样的校园让人一见倾心，再见如心，日久生情，依恋渐生。

有一所小学很重视校园环境的建设，他们确立科技校园的文化主题，从校门口开始，布置了科技广场，灯光喷泉、金钥匙雕塑和各种科技元素融合在一起，给人强烈的科技氛围感；走进教学楼，有一组硕大的问号造型引发人的思考；进入校园走廊，有一个"少年科学宫"的牌匾，学校在原来的科学、信息、劳技等功能室的基础上，将廊道、楼梯、窗户、星空亭等利用起来，建设镜世界（哈哈镜、望远镜、多棱镜、彩虹区等）、力学馆（惯性实验、纸桥、浮力实验等）、电力馆（拼装电路板、太阳能发电实验、机械力发电、电动小船、电路焊接等）、电子智能馆（电子绘画、机器人、3D打印、电子编程等），进入其中，学生可以体验到生活中常见的各种自然现象，各种物理、化学实验，手工制作，科学运用场景，目不暇接。学生经历一遍，对未来初高中的物理、化学等学科学习一定充满期待，会产生浓烈的兴趣。

二、课堂充满情趣

课堂是学生成长最重要的能量场，深刻影响着学生的未来。好课堂让学生愉悦其中，糟糕的课堂则令学生度日如年。王蒙在《华老师，你在哪儿？》中回忆了他的写字课老师华老师教育他诚实做人的场景。苏叔阳在《我的老师》中回忆了他的残疾人老师刘老师以其幽默和风趣让课堂充满了欢声笑语，也让学生感受到了他的坚韧和乐观。苏霍姆林斯基说："教育是人和人心灵上的最微妙的相互接触。"[1]教育应该是人与人之间的情感和心灵的温暖互动，是"春风化雨"，是"一棵树摇动另一棵树，一朵云推动另一朵云"。

传统课堂注重知识的严谨与系统传授，容易忽视学生的情感体验。标准化、流水线、批量生产、知识技能讲究可操作性，人容易异化成知识学习的工具。国家提出核心素养培育，教育要致力于培养完整的人。课堂需要挖掘知识本身的趣味，也需要教师有情趣地教学。教师在课堂上适时地融入幽默风趣，不仅能够缓解学习的紧张氛围，还能极大地激发学生的学习兴趣。幽默风趣是教学的调味剂，它能够瞬间点亮沉闷的课堂。

幽默风趣也是师生沟通的桥梁，能够拉近师生之间的距离。教师用幽默的方式解释难点，不仅能让学生更容易理解，还能让学生感受到教师的亲切与智慧。在幽默的氛围中，学生的畏惧心理得以消除，他们更愿意开口提问，积极参与课堂讨论，从而形成一个良性循环，促进教学效果的提升。更重要的是，幽默风趣能够激发学生的创造力与想象力。当学生在笑声中感受到学习的乐趣时，他们的大脑会更加活跃，思维也会更加开阔。这种积极的心理状态，有助于学生在面对问题时从不同的角度思考，勇于尝试新的解决方法，这对于培养他们的创新思维和解决问题的能力

至关重要。

当然，教学的情趣不只是幽默风趣，还包括教师的友善爱护、知识内在的思想情感、学生之间的友爱淘气等。另外，幽默风趣也并不意味着无原则的嬉闹取笑，而是要在尊重学生、尊重知识的基础上，用恰当的方式调节课堂氛围。亲其师，信其道。富有亲和力的教师幽默风趣的状态和积极的人生态度，更可能深刻地影响学生的人生观和价值观，成为学生人生路上的灯塔，指引他们阔步前行。

三、活动洋溢情趣

梁启超说："我是个主张趣味主义的人……我以为，凡人必常常生活于趣味之中，生活才有价值。若哭丧着脸挨过几十年，那么，生命便成沙漠，要来何用?"[2]活动育人是校园教育重要的板块，一些有创意、富有情趣的活动，往往能点燃学生的热情，激发其才华智慧，展示和锻炼其能力。

当下的校园有情趣的活动很多、很吸引人，反映出新时代校园生活的独特风貌。就像课堂一样，每一场活动都离不开策划者的精心设计和组织者的用心实施。高品质的活动离不开优秀的素材、精彩的演绎和完备的保障。每一场活动不但要做得有意义、有价值，还要做得有情趣。可以设计一些创意主题日，如"动漫日""名著名场面表演""名画模仿秀""环保模特走秀""趣味运动会"等；也可以策划"文艺大课间"，让有特长的学生即兴表演，将义卖义演与爱心捐赠结合起来募集善款。语

文组举办校园"帐篷里的阅读";数学组开展"生活中的数学";英语组开展"英语日"活动,师生全天用英文交流;科技组开展"科创大舞台",集中展示小发明、小创造等;美术组开展"我为校园画一景";音乐组开展"每周一歌"活动,让校园充满歌声……充满情趣的校园活动不仅丰富学生的学习生活,还能激发他们的学习兴趣和创造力,促进其全面发展。

其实诸如升旗仪式、班队会、跑操、社团活动、春秋游、家长会等校园常规活动也可以增加情趣元素,让一本正经的教育变得情趣盎然,让严肃端庄的教育面孔变得生动可亲。一旦校园活动丰富有情趣,活动走心入脑,教育便在无形中发生,所谓"随风潜入夜,润物细无声",这才是"活动育人"真正的价值所在,体现其独特高明的育人艺术。

四、管理散发情趣

学校管理一直被视为教育教学辅助,但教育研究发现,学校管理也是一种课程,且是强有力的课程,具有重要育人价值。学校管理包括直接面对学生的德育管理、间接关联学生的教师管理和隐身师生后面的后勤管理等,这些管理都会通过各种方式传递到学生身上,影响学生的思想和生活。

管理外显在管理制度、管理方式和管理的人身上。比如,学生管理存在不同情态,规章制度有严苛细致、宽容粗放、冷漠机械、充满人文关怀之分,管理者执行方式有温情提醒、简单粗暴之分,管理者的态度有不同、理念有高下,等等。学校管理应以服务师生成长为目的,奖惩应以帮助学生认识错误、真心悔过为目的,有悖于此的管理是反教育行为。

管理是一门艺术,管理者应改变传统管控思维,吸纳师生共治思想,形成学生自治局面。在学生管理过程中,管理者应从学生立场看待问题,温情管理,一些小细节、非原则问题可弹性执行。在进行文明常规评价时,可创新思路,从成长性思维角度评价,从个体变化角度考核,运用温和深情方式开展。例如,就餐纪律检查用加分比扣分温情;文明常规考核用阳光银行积分储蓄比扣分有情意;"文明之星""礼仪标兵"评比增加文具小奖品和精神奖励项目,如与校长合影、做升旗手、免一天作业、给老师提建议、满足心愿等,使管理更有情趣,富有人性光辉。

学校全员全时空育人,后勤和行政在育人工作中占有独特地位和价值。按照现代学校的治理理念,后勤和行政服务部门应让学生有"家"的感觉,提供家园服务,承载家园建设。后勤服务是学校教育教学健康运行的基本保障,也是师生生活服务的主要责任者。以餐饮服务为例,后勤可根据师生口味和饮食需求提供多样化选择,如设置特色小吃窗口、健康轻食区;点心做成小动物造型,课间点心和水果顺应时节或学生需要更换,饮水机旁有定期消毒告示;运动会及时送上凉茶,为运动员提供小点心。从学生经常吃冷食、饭菜中吃出异物等细节,也可看出后勤管理的问题。后勤工作覆盖面广,除建筑、设施设备、餐饮服务外，还包括校园安全防护、智能化服务、绿色环保等。楼梯拐角贴"小心碰头"提示，桌椅讲台尖角包软垫，地板做防滑处理，发现安全隐患提前防备，传递温情，体现关爱。学校从服务保障上让师生感受"人人爱我"，自然生发出"我爱人人"的道德情怀。

总之，学校是育人的专业机构，也是专门场所，全场景应该散发着迷人的文化气息和育人氛围，在教育实施过程中加入"趣"味，能提高教育效果，提升教育品质。袁宏道曾说"世人所难得者唯趣"[3]，校园建设、学校管理、教师教育教学皆应追求情趣。很多教师从教之初有美好教育憧憬，但多年后丢失诗情画意和怡然心情，实则是丢掉了"情趣"。追求校园情趣和教育趣味，是让教育重回正道、散发人性光辉的必由之路。让我们相约同行，建有情趣的校园，做有情趣的教育。

[本文系江苏省教育科学"十四五"规划2021年度课题"全景德育：新时代小学协同育人的实践路径研究"（批准号：D/2021/02/548）的阶段性研究成果。]

【作者简介】罗刚淮，男，江苏省溧阳市外国语小学泓口校区督学，正高级教师；徐春明，男，江苏省溧阳市外国语小学泓口校区校长，常州市特级教师后备人才。

参考文献

[1]［苏］B.A.苏霍姆林斯基.给教师的建议［M］.杜殿坤，编译.北京：教育科学出版社，1984.
[2]梁启超.美的生活［M］.苏州：古吴轩出版社，2022.
[3]袁宏道.袁中郎全集［M］.济南：齐鲁书社，1997.

聚焦"事上练" 演绎"美无极"

——以丹阳市正则初中省级"四有"好教师团队建设为例略谈教师队伍建设

◎ 叶应松 / 江苏科技大学附属中学

摘　要　本文以江苏省丹阳市正则初级中学省级"四有"好教师团队建设为例，探讨基于王阳明"事上练"理念和吕凤子"美无极"价值追求的教师发展策略。通过构建"道—术—场—评"四位一体培养体系，以"让师成师"促进思想引领，以多维实践平台锤炼专业能力，依托"真正友善的生长场"办学理念构建发展生态，形成"行为改变思想、思想引领行为"的良性循环。采取分层培养模式，通过"治己渡人"结对发展、长三角名校联盟历练、省级项目课题研究突破等路径，实现团队跨越式成长。

关键词　事上练　美无极　完善体系　统筹谋划　文化引领

如果校长只做一件事，我认为，那一定是发展教师——千方百计地发展教师！

如何发展教师？私以为，千方百计也抵不过一计，那便是坚持"事上练"。明代心学大师、哲学家王阳明始终强调"知行合一"，强调人的修养与发展须坚持"事上练"，唯其如此方能"致良知"，方能修炼心性、提升能力。个人发展如此，群体发展何尝不是如此？我在丹阳市正则初级中学书记、校长任上申报的"开示门径——丹阳市正则初级中学美善教师团队"有幸成为江苏省第二批省级"四有"好教师重点培塑团队之一。在建设过程中，学校坚持"事上练"的发展理念，结合学校办学

目标多措并举，较好地促进了团队成员的发展。

一、脚踏实地，高屋建瓴——明确目标完善体系

发展教师，坚持"事上练"，首先要明确目标，知道为什么"练"。这支队伍往哪里去？为什么去？"开示门径"这个团队，按省级"四有"好教师团队标准，应是师德教学科研的模范。正如"二八法则"所预示的，我对团队的定位是要成为引领、推动学校发展的核心力量。之所以定名为"开示门径"和"美善教师团队"，是吸取丹徒教育大家马相伯先生"开示门径"

的教育精髓，立根正则艺术专科学校创始人——近现代教育家、美术家吕凤子先生"美无极，爱无涯"教育思想凝练而成的。我期望这支团队是朝着仰望大师、德高业精的方向迈进的团队。我们在学校十几个学科中，选取二十几名不同层级、具备较好培养基础的中青年教师，组成了这个美善教师团队，以教育"美无极"的价值追求进行顶层设计，促使他们在专业上精益求精，在思想上淬炼提升，在行为上修业精进，并为学校和集团教师"开示门径"，为莘莘学子"开示门径"，为推动学校全面高质量发展而努力。

坚持"事上练"，还要有"事"可"练"，有平台可"练"。因此，完善培养体系就显得很重要，我们从"完人"发展视角立体地构建了培养体系。

首先是"道"，也可以简单地概括为思想、道德、精神。这其实是很难做的一大领域。除了常规的党员教育、师德教育举措，我们最重要的举措是"让师成师"，即让每个团队成员承担两项任务：一是承担几个青年教师包括师德在内的全面培养；二是承担集团学科团队的建设与培养，如此一来，他们便成了思想与行为的引领者、示范者。实践证明，通过这种长期的行为引领，教师慢慢地进行了有效的自我塑造，我想这便是"事上练"的效果——行为改变思想，思想又引领行为的典范。

其次是"术"。在2020年长三角中小学名校长高级研究班结业典礼上，我代表初中学段汇报学习成果与心得，讲的也是"道术同明"。这个"术"，是教师多维胜任力的简称，包括教育教学科研能力，在认知、技术、艺术层面的素养。实践中，我尽可能让他们沉浸到条线、年级、班级、学科组以及课题、项目等工作中去，在基本功竞赛、优质课评比中承担"领导""主持"等工作或直接参赛，去历经各种磨炼，正如王阳明所说："人须在事上磨，方立得住。"

再次是"场"。在正则初中，我秉持的办学理念是"真正友善的生长场"，从精神、制度、物质、行为四个角度建构一种有利于师生发展的"生态场"。立项的省级课程基地，我也将其命名为"语言建构场——正则初中语文课程基地建设"，通过多维度空间设计，积聚团队成长的能量、打造交互生长的空间。

最后是"评"。从绩效考核到成长见证，体现评的功效。从最核心学科领导力到教育影响力，从实践成果到教育创新，从评优评先到绩效体现，从行政擢升到拔尖推荐等，全面体现评的影响力。

由此形成团队建设的目标与功能定位，形成立体的顶层设计，开展团队系统化的"事上练"培塑。

二、统筹谋划，分层发力——实现团队跨越发展

每个团队成员都有自己需要突破的发展瓶颈。基于"事上练"思维，针对成员基本功，我们让美善教师团队采取"治己渡人"的发展模式来解决自己与青年教师团队共同发展问题，即通过"以老带新结'对子'"来解决，在教学相长过程中实现

群体共进；针对成员高阶思维发展，让美善教师团队融入"长三角名校联盟"，走出丹阳、走出镇江，在长三角舞台上不断历练，与省内外名师碰撞；针对平台历练限制，我带领团队不断突破自我，挑战自身局限。我在正则初中任校长期间，共立项了六个省级项目和课题，通过让美善教师团队成员担纲这些省级项目和课题，不断挑战自身认知局限，并由此提升认知高度，发展新能力，实现团队跨域发展。

三、文化引领，多元推进——彰显文化发展力量

无论在哪里做校长，我都相信文化的力量，并依靠文化的力量。"四有"好教师团队建设，也须借助文化的力量。正则文化，根基深厚且内涵丰富。自"凤先生"起，人格之美，专业之美，就成为学校发展文化史上最美的那一道光，它横亘历史，积淀至今。在此基础上，我进一步凝练，从学校精神、物质、制度、行为四个维度进一步涵养美善文化，除了精神引领，也从制度上不断完善，先后出台"量化考核""绩效考核"等重量级管理制度。同时，精心打造校园优美环境，让教师尽可能有一个舒适的工作和校园生活环境。此外，行为文化更是我重点打造的文化，通过"高品质校园"建设计划，从六大方面引领教师行为，包括引领教师组建朗诵社、体育团队、瑜伽社团等，为团队享受高品质教育生活而不断努力，在并不轻松的教育教学旅程中体验"美无极"的情怀与实践。

通过目标引领、多元推进，"美善""四

有"好教师团队建设取得较好成果。在江苏徐州举行的省"四有"好教师团队中期评比中，学校"开示门径——丹阳市正则初中美善教师团队"建设获得专家一致好评，成绩名列前茅。团队成员也实现了不同层次的进阶与发展，实现了一人获评正高级职称，一人获评镇江市特级教师后备人才，三人获评镇江市学科带头人，八人获评镇江市中青年骨干教师，其余人获得丹阳市拔尖人才等称号；两人获得省赛一等奖，一人获得省赛二等奖。在他们的辐射影响之下，全体教师获得有力发展，推动了学校高质量发展。学校获得丹阳市优质效能服务窗口单位中期测评全市第一、年终测评全市第二的好成绩，其间也获得了教育系统高质量考核一等奖第一名和第二名各一次的好成绩。所在集团校，在有限的区域质量提升奖名额里，每年均有获得质量提升一、二等奖的学校。这些成绩的取得，与"美善"教师团队奋力进取、辐射引领是息息相关的。

总之，坚持"事上练"，追求"美无极"，让教师有了发展的通路，让教师有了专业的价值追求，也让教师有了更高的职业尊严与专业的幸福指数！但也因为"无极"，所以路还在向前延伸着……

【作者简介】叶应松，男，江苏科技大学附属中学书记、校长，第11期长三角中小学名校长高级研究班学员，江苏省正高级教师，江苏省"333高层次人才培养工程"第三层次人才，镇江市名校长，镇江市特级教师后备人才。

双向赋能：以教师专业水平提升促进教育集团高质量发展

◎ 郑小琴 / 江苏省淮安市长江东路小学

摘　要　基于对教师发展重要性的深切认同，秉承多年来"双向赋能，师生共同成长"的理念，淮安市长江东路小学教育集团构建了完善的教师发展体系，组建互助共同体，深挖发展内驱力，助力教师专业化发展。通过积极赋能教师发展，促进了教育集团的高质量发展。

关键词　双向赋能　教师发展　集团发展

教师是学校发展的最宝贵的资源，教师队伍建设是学校永恒不变的主题。学校为教师赋能，须紧扣教师专业发展的痛点和生长点，为教师注入"助推剂"、搭建"脚手架"、提供"起跳板"，让教师能够不断定义未来，激发生命激情，实现自我变革。同时，一个有能量的教师也将成为学校发展的黏合剂、课程建设的助燃器。因此，教育的赋能应该是双向的，学校为教师赋能，教师也为学校赋能。

一、构建互助共同体，点燃集团发展的助推剂

江苏省淮安市长江东路小学是一所百年老校，地处淮安市淮阴区。2021年，学校成立教育集团，现已形成两所城区校、四所乡村校的紧密型教育集团。淮安市长江东路小学教育集团（以下简称"长东集团"）成立之初，就对各成员校进行了深度调研，在教师发展建设方面，实现校际资源互通共享，积极探索一体化管理模式。在了解需求、交流看法的基础上，长东集团整合资源，发挥优势，大力推进各类共同体建设，实现教师队伍的合作与共进，促进城乡教师均衡发展。

（一）校长领雁共同体

共同体成员为各成员校校长及校级领导，围绕淮安市郑小琴名校长工作室运行。研究主题为学校层面的管理问题，包括办学方向、理念、文化、特色建设等。根据研究主题的不同来确定参与人员，以此提升校长管理水平与专业发展能力。

（二）骨干领航共同体

共同体成员为长东集团中层管理人员

及班主任。研究主题为教学、德育、后勤、培训、班主任、家庭教育、延时服务等，旨在促进中层管理人员和班主任提高执行力和领导力。

（三）教研领路共同体

共同体成员为学科带头人、骨干教师及教坛新秀。依据"分科定组、全员参加、互助互学、共同发展"的原则，设有语文、数学、英语、体育、艺术五个分支。每个月教研共同体围绕学科教研主题开展一次活动，采用同课异构的方法，探讨教学中面临的困惑和问题，利用集体的智慧，找出应对方法，促进集团教学质量整体提升。

（四）同伴领读共同体

读书是最好的研究与修行。为此，学校积极打造阅读学习共同体，以读聚人，建立共同体博客、QQ群、微信群，使线下交流与线上研讨互为补充，让阅读成为共同体成员的工作方式，达成"从学问走向文化"的成长新取向。

二、寻求价值认同，激发教师发展的内驱力

价值观是师者的基础和灵魂，更是行动的轴心。我们始终坚持"同行者"理念，邀请教师参与学校文化设计、课程开发及项目研究，同频共振，做到情感上凝心、行动上聚力，让他们愿发声、能发声，愿担责、能担责。

当学校教师团队建设达到一定水平时，需要对教师发展、教学成果、教师身份认同开展进阶式评价与认定，从而提升教师对个人的自我认同感。根据马斯洛需求层

次理论，当教师自我认同度逐步提高时，自身被需要的幸福指数也会逐步提高。在寻求价值认同的过程中，我们努力让教师站在学校最中央，心中时刻装着教师，教师便自发为学校代言、发声。当项目取得成果时，校长会说"我们好样的"；当师资短缺时，教师会说"我们一起扛"。凝心方能聚力，学校的发展已然成了校长和教师共同参与的"集体叙事"。

让教师始终拥有归属感，眼中看见教师的辛劳，教师节、优秀教师、师德标兵评选、"家有贤助"好家属推选……这些都是对教师的及时认可。学校领导心中时刻装着教师，从细枝末节着手，从一个微笑、一声问候、一句贴心的话这些小事做起。教师生日、逢年过节，领导班子必发微信祝福。结合节日、时令节气组织教师开展踏青、趣味运动会、包粽子、包饺子等文体活动，想教师所想，让教师感受"家"的温暖。通过这些细微关怀，凝聚教师生长力，逐步形成学校的育人文化。

当然，激发教师的工作内驱力需要多方面的努力和支持。提供培训和职业发展机会、设定明确的目标、及时反馈与建设性批评及实施公平的待遇，都可以有效地激发教师的工作内驱力，提高他们的工作效率和质量。

三、推进项目实施，助力教师成长的加速度

近年来，长东集团先后成功申报了淮安市"四有"好教师团队和淮安市教师发展基地。一年来，学校尝试通过推进项目

实施，点燃教师的工作热情，改变他们的工作状态，在充分发挥教师已有优势的同时，实现教师在项目实践中的自我赋能，推动教师专业成长。

在"四有"好教师团队项目实施中，学校定期评选师德标兵，开展"身边的榜样，前行的力量"演讲比赛等活动，以此激发广大教师开拓进取、奋发向上的情怀。在落实"双减"政策上，不仅要减负，还要提质。教师且行且实践，结合学生学习和成长需求，在开展延时服务内容上守正创新。在做好学科作业辅导的基础上，开设游戏、艺术、阅读、四球、书法、科技等社团，开展丰富多彩的活动，切实减轻学生课业负担，建立和完善"双减"长效机制，形成"四有"好教师团队建设的美好样态，全面落实立德树人根本任务。

在教师发展基地项目实施中，遵循"整体规划、分步实施"的原则。采用多种途径，搭建多种平台，量身定制，铺设专业发展之路，促进教师快速成长，让每一位教师在人生的不同阶段都能收获不一样的风景。学校层面、教科室、教研组经常搭建一些比、学、赶、超竞赛平台，竞赛既能激发动力，又能促进学习，实现教学相长。只有让教师充分展示自我、认识自我，他们才会倍加珍惜、倍加努力、无限成长。

四、加强梯队建设，搭建自能发展的起跳板

人的专业有深浅，能力有大小，对于学校而言，"因岗选人"和"量才用人"显

得尤为重要。教师能觉知自身成长潜力，自我发现，完善自己，自我创新，超越自己，成为越来越好的自己！

学校依托省中小学网络名师工作室和市名师名校长工作室，邀请省内知名专家、名校长指导教学、科研工作，为每位教师量身定制发展目标，通过线上与线下深度融合，为教师全方位成长赋能。

首先，为专业成熟教师赋能。我们与区教师发展中心合作，邀请区学科教研员加盟教师团队，规范推进各学科项目研究。教师聆听讲座，集中阅读文献，反复磨炼课例，理论与实践相结合。我们每月与常州市新北区三井实验小学、淮安市外国语实验小学开展一次基于挑战性学习问题的研究，尝试在单元学习上进行整合，在项目化学习的过程中依托学习支架研究落实学生挑战性学习。其次，为中青年骨干教师赋能。我们开展实施骨干教师"四个一工程"，即每学期阅读一本教育学类专著，每月写一篇教学随笔，每周欣赏一部教育影片，每天观摩学习一节课或观看名师视频课。同时，我们鼓励教师设计教学案例或校本课程开发案例，收集自己亲身经历的个别化指导案例，成文投稿。最后，为新教师赋能。我们成立了青年教师读书班，聘请阅读导师，推荐阅读书目，制订读书计划，建立读书群，每天读书打卡。我们还开展各项基本功竞赛，组织技能训练，为新教师提供展示自我、发展自我的舞台。

赋能的过程，本质上还是学习。教师从理论知识的学习进步，到理论与实践相结合的案例呈现，到现在独立完成论文或

（下转第 50 页）

AI 时代定向支教的价值重构

◎ 李　捷 / 江苏省南京市浦口区教师发展中心

◎ 黄学龙 / 江苏省南京市浦口区科技局

摘　要　在 AI 时代背景下，定向支教正经历着深刻的变革。本文以"情怀"奠基、"善学"增效、"数字"赋能为核心框架，深入探讨 AI 时代定向支教的价值重构，通过阐述情怀在坚守支教初心、担当教育使命、追求教育公平方面的基础作用，分析善学如何以学生为本、遵循善的标准、通过合作实现教学增效，研究数字技术提供的智能化支持、个性化学习路径和合作式策略对定向支教的赋能，旨在揭示 AI 时代定向支教在教育领域的新价值，为推动教育公平和提升支教质量提供理论与实践指导。

关键词　AI 时代　定向支教　价值重构　教育情怀　数字技术

在苏陕协作工作中，南京市浦口区对口帮扶商洛市镇安县，自 2018 年 6 月起，浦口区每年向镇安县派遣教育类专业人才进行支教活动，将定向支教作为促进教育公平的重要举措，书写了很多的精彩。随着 AI 技术的迅猛发展，其在教育领域的应用日益广泛，也为定向支教带来了新的机遇和挑战。AI 时代的定向支教，不能局限于传统的教学模式，应该在"情怀""善学""数字"等多维度的交织下实现价值的重构。

一、"情怀"奠基

（一）不忘初心的信念

支教教师的初心是对教育事业纯粹的热爱和对偏远地区学生的深切关怀。这种信念并非一时的冲动，而是源于对教育本质的深刻理解。所以在支教教师的选择上，要鼓励、激励和选择那些立志为教育资源匮乏地区的学生打开一扇通往知识世界大门的教师，在支教教师看到乡村学生对知识的渴望与教育资源短缺的巨大反差导致内心深受触动后，要积极引导并坚定其支教的决心。

在支教过程中，不忘初心的信念是支撑教师克服重重困难的精神支柱。在偏远地区支教往往面临着生活条件较为艰苦和教学设施较为简陋的问题。镇安县"九山半水半分田"，生活条件很是艰苦，但支教教师凭借着对教育事业的热爱，依然坚守岗位。他们自购书籍扩充班级读书角，自制实验器材和体育用具，利用有限的资源开展丰富多彩的教学活动。正是这份初心，让他们在面对困难时毫不退缩，始终如一地为学生的成长付出努力。

（二）牢记使命的担当

支教教师肩负着为偏远地区培养人才、推动当地教育发展的重要使命。他们不仅要传授知识，更要关注学生的全面发展，培养学生的综合素质和社会责任感。支教教师积极参与学校的各项管理工作，协助学校制订教学计划、开展教研活动，努力提升学校的教育教学水平。

支教教师还承担着传承和弘扬当地文化的使命。他们深入了解当地的风俗习惯和传统文化，将其融入教学内容中，让学生在学习现代知识的同时，不忘传统文化。他们通过开设特色课程等方式，增强学生对本土文化的认同感和自豪感，促进民族文化的传承与发展。

支教教师还把"扶贫"和"扶志""扶智"相结合，引导学生通过学习提升本领，"走出大山去"；还引导学生学成后回归家乡，建设"美丽新家园"。

（三）教育公平的追求

教育公平是社会公平的重要基石，支教教师是追求教育公平的践行者。他们深知，偏远地区的学生由于地理和经济等因素的限制，在获取教育资源方面处于劣势。为了缩小这种差距，支教教师努力为学生提供平等的学习机会和优质的教育服务。

在教学过程中，支教教师注重因材施教，关注每一个学生的发展。对于学习困难的学生，他们会给予更多的耐心和辅导，帮助学生克服学习障碍；通过开展课外辅导、组织学习小组等方式，确保每个学生都能在学习上取得进步。他们还积极引入外部资源，如捐赠书籍、教学设备等，改善学校的教学条件，让学生能够享受到与城市学生相似的教育资源，为实现教育公平贡献自己的力量。

二、"善学"增效

"善学"课堂的内核源于陶行知的生活教育理论，即"教学做"合一。陶行知说"教学做"是一件事，不是三件事。我们认为"教"是路径，"学"是目标，"做"是根本、是中心，要在"做中教""做中学"。

（一）教以生为本

这是课堂教学改革的核心要义。"以学定教"要求教师精准把握学生的知识基础、认知水平和学习需求，摒弃"一刀切"的教学模式。就像医生须根据病人症状开药方，教师也要依据学情设计教学内容与方法。"以教导学"强调教师的引导作用，教师不是直接灌输知识，而是像引路人般启发学生思考，培养其自主学习能力。"先学后教"则让学生在课前通过预习初步接触知识，带着疑问进课堂，教师针对疑难问题重点讲解，实现教学资源的高效利用。学校和教师的职责，便是营造浓厚的学习氛围，打造开放包容的学习空间，搭建多样化的展示与实践平台，并在学生学习遇阻时适时指导，切实为学生的学提质增效。

（二）学以善为准

这是对学生学习状态与能力的高要

求。培养学生善于自主先学，意味着引导他们制订合理的学习计划，运用多种学习资源主动探索知识。鼓励学生善于小组合作，就是要学生通过小组讨论、项目式学习等形式，实现思维的碰撞与互补。善于课堂展示，能锻炼学生的表达能力与自信心，将所学知识清晰呈现。善于质疑解惑，则促使学生深入思考，不盲目接受知识，通过提问与探究，构建更完整准确的知识体系。教师通过组织丰富多样的课堂教学活动，从倾听、提问、思考、表达、运用等多维度发力，逐步培养学生善听、善问、善思、善讲、善用的良好品质，让学生真正成为学习的主人。

（三）做以合作则

实践与合作在学习中尤其重要。"善学"课堂以小组合作为重要依托，在小组成员之间开展"互教""互帮""互练"。当学生将知识教给他人时，不仅要梳理自身思路，还要用清晰易懂的语言表达，这一过程极大地促进了知识的内化。像小老师般教导同学时，自身对知识的理解也更加深刻，真正达成了学生自己的"教学相长"。小组合作学习模式，让学生在合作中学会沟通、协作，培养团队意识与责任感，也为学生提供了更多实践与展示的机会，使学习从被动接受转变为主动探索，从个体学习升华为群体智慧的凝聚，全面提升学生的学习效果与综合素养。

三、"数字"赋能

（一）智能化的支持

AI 时代为定向支教注入强大的智能化动能。智能教学工具拓宽教学边界，智能辅导系统依据学生学情精准答疑，助力知识巩固；英语智能语音评测系统实现发音的精准评估与矫正，提升口语水平。同时，智能教学平台可自动生成课件、教学设计，大幅缩短了教师备课时间。

智能化学习管理系统则成为教学管理的"智慧大脑"。通过分析学生学习数据，教师能实时掌握学习进度、状态与效果，及时发现问题并干预。系统还能基于数据分析，为教学进度调整、内容优化提供科学建议，推动教学向精准化、高效化迈进。

（二）个性化的路径

AI 技术让定向支教实现"一人一策"的个性化学习。自适应学习平台借助算法，动态调整学习内容与难度，为学有余力的学生推送拓展资源，为基础薄弱的学生强化基础知识训练。在语言学习中，平台依据学生词汇、语法掌握情况，精准推送适配的阅读、听力材料及习题。

教师利用 AI 分析学生学习行为数据，识别不同学习风格：针对视觉型学习者多用图片、视频；对于听觉型学习者则侧重使用音频资料。借助 AI 学习分析工具，教师能为每个学生定制专属学习计划，明确目标与步骤，有效提升学习成效。

（三）合作式的策略

AI 技术搭建起多方合作桥梁，凝聚教育合力。线上协作平台打破了地域限制，支教教师、本地教师与教育专家可实时共享资源、交流教法，编制课程设计时可协同编辑大纲，针对教学难题亦可即时探讨，还能联合分析学生数据优化教学。

在家校合作层面，家长端 App 有助于实现学生学习动态的实时同步。家长可随时掌握学生学习进展、课堂表现与作业情况，与教师高效沟通。部分智能平台支持家长参与线上家长会、教学活动设计等，增强了家长的教育参与感，形成家校协同育人的良好格局。

【作者简介】李捷，男，江苏省南京市浦口区教师发展中心副校长，浦口区历史学科教研员，高级教师，江苏省优秀教育工作者、南京市学科教学带头人、南京市德育学科带头人、南京市优秀青年教师、南京市先进教研员组组长；黄学龙，男，江苏省南京市浦口区科技局副局长。

参考文献

［1］何晓斓.教育智慧:AI 时代教师的核心素养［J］.武陵学刊，2025，50（2）:137—144.

［2］牟姝玲.AI 时代教师的突围：打造不可替代的教育智慧［J］.课堂内外（高中版），2025（12）:54—65.

［3］刘欣，李琪，谌莉，等.乡村教育振兴背景下"三区"支教计划的实效性研究——以湖南省 R 县为例［J］.教育观察，2023，12（36）:14—18.

［4］唐琴，李小飞.红色记忆时代建构"苏陕协作"支教助学［J］.中学历史教学参考，2021（1）:2.

［5］李烟."三支一扶"支教教师专业发展存在的问题及其提升策略研究［D］.南昌:江西师范大学，2021.

初中数学"三教三改"集体备课范式的建构思考

◎ 王国强 / 江苏省盐城亭湖新区初级中学

摘　要　数学集体备课是基于数学教学需求的一种集体教研的活动形式，也是渗透学校文化的校本集体教研活动，更是提升学校数学教学质量的良好载体。"三教三改"集体备课范式，通过自主尝试教、同伴互助教和组内展示教，在初改、细改和精改中，努力实现数学课堂的真优学、真优教和真优思。

关键词　数学课堂　集体备课　三教三改

当前，随着人工智能赋能教育的全面深入，教育数字化转型升级迭代。面对新课标、新教材、新教改带来的新挑战，为落实立德树人根本任务，促进学生全面发展，我们创新了"三教三改"集体备课教研新思路。笔者所在的数学教研组针对现行的常态化沙龙型、问答式、说课式、开放式等集体备课形式进行了深入思考，提出了基于微型课的"三教三改"集体备课范式，旨在通过"三教"（自主尝试教、同伴互助教、组内展示教）、"三改"（一教初改、二教细改、三教精改），形成集体教研文化，打破传统集体备课壁垒，凝聚集体智慧力量，创新集体备课范式，力求为课堂教学、师生成长、学校发展赋能，促进学校数学教育教学质量再上新台阶。

一、"三教三改"集体备课范式的内涵价值

数学集体备课是基于数学教学需求的一种集体教研的活动形式，也是渗透学校文化的校本集体教研活动，更是提升学校数学教学质量的良好载体。初中阶段是学生成长的关键时期，学生的心理和生理都在发生变化。基于课堂教学是学校育人育德的主阵地，为彰显学校育人育德的实效和高效，促进学生情感、态度和价值观良性发展，优质课堂教学是助推剂。备课是教师上课前的教学准备，集体备课是突破个人自主备课的主渠道，因此，作为数学学科的集体备课，其质量直接影响教师教学、学生学习和学校发展。为了更好地适

应智能时代人才培养的需求，促进学生全面发展，数学学科的集体备课必须遵循"备课标—备教材—备学情—备学法"的逻辑线路，渗透数字化媒介、学科文化、家国情怀等学科核心素养，以便从根本上真正改变传统备课样态，科学、合理、精准地备好课。只有这样才能上好课，更好地适应课标需求、时代需求、学生需求，助力学生可持续发展。笔者所在的数学教研组经过多年努力，尝试践行"三教三改"集体备课范式，立足从"教"上建构备课体系，从"研"上创新备课路径，从"改"上形成备课经验，聚焦学生的认知规律和成长规律，构建教师的同伴互助和成长共同体，创新集体备课的共研共生。"三教三改"集体备课范式的实践价值如下：

（一）通过"一教初改"明白"为何教"

主备人自主研读数学课标、教材及教参，通过对备课内容的了解、认识和理解，初步对教学内容进行分解，按照学生的认知逻辑，设计能激发学生学习兴趣的问题情境，串联整节课内容，并通过生活化的情境、数学化的情境、可视化的媒介，唤醒学生的已有经验，抽象出关联的数学问题，从本质上明白"为何教"。同时，结合学情现状，根据概念教学、体验教学和跨学科深度教学特征，选点谋备，个性预备，从多角度、多层面、多纬度进行全方位思考，依托"知识明线—方法暗线—素养眼线"，在问题串和知识链的驱动下，按照思维进阶的逻辑顺序形成"初案"。根据"初案"，结合自身课堂语言习惯，思考每个教学环节之间的过渡语，并形成逐字试讲稿，

主备人自主录制微课"尝试教"，反复回看，深刻思考，并认真学习名师优课、精品课例、创新案例等线上相关资源，经过对比和类比，根据教学计划进一步明确目标，突出重点，突破难点，提前5天形成"个案"，完成"一教"初改。

（二）通过"二教细改"理解"有何教"

主备人利用"一教初改"形成的"个案"，根据数学学科特点，精练语言，完善教学环节之间的过渡语，修改好逐字试讲稿。同时，主动请教他人指导，根据教学计划提前3天邀请同伴开展"互助教"，历经"微课说备—思辨验备—共研复备"，小组同伴只提建议，主备人虚心接受并整合同伴意见，再次深度研读数学课标、教材及教参，理解"有何教"。针对共性问题进行深入思考并优化改进，分析教学过程中的阻力点和优化点，探寻解决问题的着力点，同时利用问题情境的逻辑关联和实践理路进行验证，从算理、算法和算技中深度思考，立足于学生的认知需求，形成最佳方案，促进学生的全面发展。在优化教学方案的同时，主备人还需要结合学情、班情和校情，以"目标精准、内容适切、方法多元、科学评价"为导向，依托"生活逻辑—生成数学—生长素养"的教学理路，形成理性"共案"，完成"二教"细改。

（三）通过"三教精改"掌握"如何教"

主备人利用"二教细改"形成的"共案"，深度研读课标和教材，领悟教学本质和要求，针对自身语言特点，结合学生认知规律，对"共案"形成教学逐字稿，并经过反复修改后，在备课组每周集体备课

时，根据教学计划提前1天在备课组内进行微课"展示教"。微课教学中充分体现情境引入、活动设计、灵活运用、拓展延伸、总结反思等重要环节，突出从知识本位走向素养本位的思考，让学生通过数学学会思维，并在创新性活动中螺旋式进阶。同时，通过备课组研讨微课上预设的教师应变情况、学生反应情况、课堂生成情况，以"教师的主导性、学生的主体性、课堂的生态性"为主旨，以是否有助于学生知识理解、是否有助于学生能力培养、是否有助于学生素养提升为评价依据，在"教—学—评"一致性的课堂理念驱动下，主备人再一次结合学情、班情、校情，深度理解，反思批判，形成"优案"，完成"三教"精改。

二、"三教三改"集体备课范式的实践意义

集体备课是一种有效的基于个性化备课基础上的集体研讨的教研活动。它能发挥集体智慧，提高课堂效率，保证教学质量，促进师生共同成长。随着亭湖区"优学在亭湖"品牌建设不断向纵深推进，为了更好地提高学校教育教学质量，初中数学"三教三改"集体备课范式顺应了课改、践行了改课、创新了思课，在备课的高效、实效、奇效上取得了一定的突破，亭湖新区初级中学作为领军学校在全区起到了一定的影响与辐射作用。

（一）"三教三改"可以实现课堂真"优学"

"三教三改"集体备课范式的根本任务就是"为思维而教"。无论是哪门学科教学，其根本都是进阶学生思维，数学学科更是如此。数学教学的本质就是教学生学会思维，进而引领学生通过"真情境—真问题—真思维"，克服对知识的浅层化理解、碎片化认知和机械化训练，尽力改变学生的认知习惯，从生活到数学，从问题到思维，从思维到素养，让学生在生发、发现和发展中自然成长，在自身的思维进阶中让数学素养得到提升，并能够通过数学学会思维，从情境体验到抽象概念，从问题思考到抽象思维，从理性思维到理性精神，努力实现真"优学"。

（二）"三教三改"可以实现课堂真"优教"

"三教三改"集体备课范式的核心理念就是"教是为了不教"，把课堂真正还给学生，彰显"以生为本"的育人主旨，注重"让学生站在课堂中央"，通过引导教师改变教法，适应智能时代的变革需求，走出传统的固化模式。利用"三教三改"集体备课，从改课到改教，从课题到课堂，从课内到课外，用自身的"研学透"努力实现学生的"思学悟"，通过课堂的高效互动过程和获得过程，让教师在主体、客体和个体的角色互换中，充分利用工具、规则和分工，引导学生自主学、自主思、自主悟，达成从"让学引思"走向"学思融通"，努力实现真"优教"。

（三）"三教三改"可以实现课堂真"优思"

"三教三改"集体备课范式的最终目标就是"理解课标—践行课标—落地课标"。

"思课"是集体备课的灵魂，也是立德树人和学科育人的根本，更是培养学生学科文化、家国情怀和核心素养的优选方法。因此，践行"三教三改"集体备课范式，可以更好地适应课标需求、课改需求、课堂需求，尤其是在数字化教育全面转型的关键时期，能够更好地发挥集体智慧，顺应变化趋势，进而让学生学得轻松、让教师教得自如、让学校发展得更好，通过"三教三改"让"备课"成为"教课"的高效平台，让师生在"课改—改课—思课"中快乐成长，努力实现真"优思"。

随着教育强国建设的逐步深入，"三教三改"集体备课范式顺应了公平优质的基础教育体系的建构需求，从根本上打破了碎片化的传统集体备课壁垒，既能从"教—学—评"一致性的整体建构中推动学校教育的公平优质发展，又能从"课程—教程—学程"融通化的视角支撑学校教育的公平优质发展，还能从"备课—上课—思课"一体化的关联视角促进学校教育的公平优质发展。"三教三改"集体备课范式以"培根铸魂，启智增慧"为目标，以"公平优质"为要求，以"教改同步"为突破点，努力构建"学教同构、评教一体、教改一体"的备教体系，力求打造目标贯通、流程同步、反馈闭环的互动生长型集体备课生态。"三教三改"集体备课范式有效回应了课堂教学中"学习者要去往何处""学习者目前身在何处""学习者如何去那里"以及"学习者是否到达那里"四个关键问题，为提升教学质量、促进学生发展提供有力支撑。

"三教三改"集体备课范式的建构，为当前初中数学课堂教学注入了新思想，提供了新动力，创新了新思路。"三教三改"通过智慧碰撞、经验互鉴、资源共享，让传统的教学方式发生了质的变化，依托数字智能引领，借助跨学科智慧融通，利用师生共鸣共生，让数学课堂在真情境、真问题、真思维中绽放不一样的精彩，让教师在为何教、有何教、如何教中成为课堂的主导者，让学生在优学、优思、优悟中成为课堂的主体者。"三教三改"集体备课将教师的教学行为嵌入学生的学习经历之中，有效推动着数学课堂从"知识传递"向"素养生成"、从"教师主导"向"师生共创"转型，努力实现教师发展和学生成长的双向奔赴，为新课程的未来建设贡献智慧和力量。

［本文系 2023 年度江苏省教师发展研究重点课题"指向初中生数学抽象素养发展的情境教学实践研究"（编号：jsfz-c03）、2024 年度江苏省教育科学规划课题"指向理性思维发展的初中数学情境教学实践研究"（编号：SJMJ/2024/14）的研究成果之一。］

【作者简介】王国强，男，江苏省盐城亭湖新区初级中学教师，正高级教师，江苏省教育家型教师培养对象，江苏省教学名师。

指向核心素养培育的普通高中生涯指导课程建设

◎ 袁锦成 / 江苏省南京市雨花台中学

摘　要　普通高中生涯指导课程建设需要整合核心素养要素，关注学生个性化与全面发展，注重实践和反思能力培养。本文结合普通高中的实际情况，对生涯指导课程的建设提出具有可操作性的建议。

关键词　核心素养　普通高中　生涯指导课程

为全面提升江苏省普通高中发展水平，推进高品质高中创建，保障高品质示范高中评估工作顺利实施，江苏省教育厅颁发《省教育厅关于高品质示范高中建设的意见》，其中关于建设优质课程体系提出："建立学生发展指导中心和制度，切实加强对学生理想、学业、择业等生涯指导。"[1]

一、普通高中生涯指导的现状

许多普通高中学生缺乏明确的职业规划意识，他们往往只关注眼前的学业和考试，而忽略了未来的职业发展和个人兴趣爱好，这导致他们在选择大学专业和职业时缺乏明确的目标和方向，难以实现自身的发展。缺乏专业的职业规划指导也是当前普通高中生涯指导存在的一个问题。虽然一些学校已经开展了职业规划课程，但往往只是简单地介绍了一些职业信息，而没有针对学生的特点和需求进行深入的指导，这使得学生在面对未来的职业选择时感到迷茫和无助。

部分普通高中虽成立了学生发展指导中心，也开设了生涯指导课程，但学生由于学习压力大，往往缺乏实践经验和社会认知。他们对各种职业的了解仅限于表面，难以深入了解不同职业的具体内容和要求，这使得学生在制订职业规划时缺乏实际依据和支持，难以实现与社会的有效衔接。

二、核心素养在普通高中教育中的重要性

（一）核心素养的概念与内涵

普通高中核心素养涵盖了多个方面，主要包括通用能力、必备品格和关键素养。其中，通用能力包括信息素养、逻辑思维

能力、学习能力、创新能力和科技素养；必备品格涵盖责任、勤奋、合作、诚信和自律；关键素养则包括语言素养、数学素养、自然科学素养、社会人文素养、艺术素养以及体育与健康素养等。

在普通高中教育中，核心素养扮演着至关重要的角色。传统的高中教育往往注重知识的灌输和考试成绩的取得，而忽视了学生综合能力的培养。然而，随着社会的发展和教育理念的更新，越来越多的人开始关注学生的全面发展。核心素养的培养正是为了弥补传统教育的不足，让学生不仅具备专业知识，还能够具备跨学科的能力和综合素养，为其未来的发展打下坚实的基础。

（二）核心素养与普通高中教育的关系

核心素养在普通高中教育中扮演着至关重要的角色。核心素养是个体具备的基本素养、道德素质和综合素质，对于培养学生的综合能力和素质发展至关重要。在普通高中教育中，注重培养学生的核心素养不仅可以提升其综合素质，还有助于他们更好地适应未来社会的需求和挑战。

在普通高中教育中，核心素养与学科知识之间存在密切联系。学科知识是学生学习的重要内容，而核心素养则是贯穿各学科之间的基本能力和素质。通过学习学科知识，学生可以培养批判性思维、创新能力、沟通技巧等核心素养。同时，核心素养的提升也能够促进学生对学科知识更深入的理解和应用，使其能够更全面地发展自身的潜能。

三、指向核心素养的普通高中生涯指导课程

（一）指向核心素养的普通高中生涯指导课程设计原则

1. 课程应整合核心素养要素

要将核心素养要素整合到生涯指导课程建设中，需要在课程设置上进行调整和优化。通过横向和纵向的整合，确保生涯课程与学科课程之间互通与融合，使学生能够在跨学科学习中培养全面的核心素养。此外，教师在教学设计中应该注重培养学生的自主学习能力和实践能力，通过项目式学习、任务驱动等方式，引导学生积极参与课程学习，提升他们的综合素养水平。同时，教师还须具备创新的教学思维，灵活运用不同的教学方法和手段，引导学生主动参与学习，激发他们的学习兴趣和潜能。通过教师的专业发展，可以更好地推动整合核心素养要素的进程，为学生提供更为优质的教育资源和学习环境。

2. 个性化与全面发展相结合

个性化教育注重根据学生的兴趣、需求和特点设计教育方案，以满足其个体差异化的发展需求；而全面发展则旨在培养学生的综合素养，包括认知、情感、社会等多方面的能力。这两者并非对立，而是可以相互促进，达到更好的教育效果。为实现个性化与全面发展的结合，教师可以采取一系列策略。首先，建立多元化评估机制，通过不同形式的评估来了解学生的个性特点和全面素养，为个性化教育和全面发展提供数据支持。其次，设计灵活多

样的学习路径和课程设置，让学生在追求个性化学习的同时，也能涵盖各方面的知识和技能。最后，教师在教学过程中需要关注每个学生的需求，倾听他们的意见和建议，为他们提供个性化的指导和支持，从而促进其全面发展。

3. 注重实践和反思能力培养

实践能力可以帮助学生将所学知识应用到实际生活中，促进知识的内化和理解。通过实践，学生能够更深入地掌握知识，培养解决问题的能力。而反思能力则可以帮助学生对自己的行为、思维进行深度反思，形成批判性思维，提高问题分析和解决能力。教师可以将实践融入教学过程中，如通过走进高新企业、观察实际工作场景、社会实践等形式，让学生亲身参与其中，感受到知识的应用和实际效果。同时，教师应引导学生进行反思性学习，提供时间和空间让学生对所学内容进行反思总结，促进对知识的深层理解。教师也可以组织学生开展小组合作项目，培养他们的团队合作精神和共同解决问题的能力。

（二）普通高中生涯指导课程的建设

1. 生涯指导课程对学生的重要性

这些课程有助于提高学生的自我认知能力，通过了解自己的兴趣、价值观和优势，学生可以更清晰地认识自己，从而做出更符合个人特点的职业选择。生涯指导课程还可以帮助学生进行生涯规划，了解不同职业领域的要求和发展前景，从而更明智地选择未来的职业方向。通过这种方式，学生可以在职业生涯的起步阶段就有

清晰的目标和计划，减少盲目性和迷茫感。因此，生涯指导课程在帮助学生进行职业选择和生涯规划方面发挥着至关重要的作用。

2. 生涯指导核心课程内容设计

在设计高中生涯指导课程的核心内容时，首先要考虑的是自我认知。这部分内容旨在帮助学生了解自己的兴趣、价值观和优势，通过各种测评工具和活动，引导他们认识自己的特点，从而形成清晰的自我认知。此外，职业探索也是关键内容之一，通过介绍不同职业领域的特点、发展前景以及相关技能要求，能帮助学生理解不同职业的可能性，激发其对未来职业的探索热情。在学业规划方面，课程应该包括如何制订长期和短期学习目标，如何选择适合自己的课程和课外活动，以及如何有效管理时间等内容，以帮助学生建立科学的学业规划。

（三）生涯指导课程实施策略探讨

1. 如何帮助学生进行职业选择

在帮助学生进行职业选择时，需要提供大量的职业信息，包括介绍各种不同职业的特点、工作内容、发展前景以及所需技能等。通过为学生提供全面而清晰的职业信息，他们可以更好地了解不同职业之间的差异，有针对性地选择符合自身兴趣和能力的职业道路。让学生进行实际的职业体验也是一种有效的方法。这可以通过实习、参观企业、参与职业讲座或工作坊等方式来实现。通过亲身体验不同职业的工作环境和要求，学生可以更深入地了解自己是否适合某种职业，从而更加准确地

做出职业选择。

提供职业规划指导也是帮助学生进行职业选择的重要手段。学校或相关机构可以组织职业规划咨询、个性化职业测试、就业技能培训等活动，帮助学生了解自己的兴趣、价值观和优势，进而制订合理的职业规划。这些指导可以帮助学生更清晰地设定职业目标，并制定实际可行的实现路径。鼓励学生进行自我探索和反思也是帮助他们进行职业选择的关键。学生可以通过参与课外活动、社会实践、志愿者服务等方式，发现自己的潜能、兴趣和优势，从而更好地认识自己并做出更符合个人特质的职业选择。同时，还要引导学生进行职业决策的思考训练，帮助他们建立正确的职业观念和培养决策能力，使其在未来的职业道路上更加明智和自信。

2. 课程实施方法与手段

在高中生涯指导课程的实施方法与手段方面，教师可以采取多样化的教学方式。通过课堂讲授，学生可以系统性地了解各种职业选择、升学路径和生涯规划知识；通过实践活动，学生可以亲身体验不同职业领域，从而更好地认知自己的兴趣和优势。此外，个案辅导也是一种重要的手段，通过深入了解每个学生的情况，为其量身定制生涯规划方案，能够帮助他们更好地发展。

在教学过程中，教师还应注重利用现代教育技术来提升教学效果。例如，学校引入了在线职业测评工具，帮助学生更科学地评估自己的职业兴趣和能力，为他们提供更精准的生涯规划建议；利用虚

拟现实技术设计虚拟职业体验项目，让学生在模拟环境中感受不同职业的工作内容和环境，从而更加直观地了解各行各业的特点。

针对个案辅导这一实施方法，应采取系统性的步骤。首先与学生进行深入沟通，了解他们的兴趣、目标和困惑；然后进行个性化的职业测评和生涯规划，帮助他们找到适合自己的发展方向；最后与学生及家长共同制订可行的生涯规划，并提供持续的跟踪指导和支持。

3. 生涯指导课程在普通高中课程中的融入

可以将生涯规划理念融入各学科的教学之中。例如，在语文课上，可以通过阅读与职业相关的文学作品，引导学生思考自己的兴趣和职业选择；在数学课上，可以设计和解决与不同职业相关的实际问题，培养学生的逻辑思维和解决现实生活问题的能力。这样的跨学科教学方法有助于学生在学习知识的同时，认识自我、了解职业，并为未来的生涯做好准备。

通过将生涯规划理念融入各学科教学和开展跨学科合作，可以提升生涯指导课程的渗透性和有效性，帮助学生更好地规划自己的未来。因此，普通高中学生发展指导中心要不断探索适合本校学生的生涯规划融入方式，为他们的成长和发展提供更好的支持和指导。

四、课程的评估与改进机制

（一）生涯指导课程评估标准

在评估生涯指导课程时，首先需要考

虑的是课程内容。评估者可以通过检查课程大纲、教材选择和课堂实施情况来确定课程内容的质量和适用性。此外，还可以观察课程是否覆盖了各种生涯发展阶段和主题，是否与学生的实际需求和职业发展路径相契合。通过对课程内容的全面评估，评估者可以判断学生接收到的生涯指导知识是否全面和实用。

在评估生涯指导课程的教学效果时，可以从学生的学习成绩、实践能力和生涯规划方面进行。评估者可以收集学生的考核成绩、参与实践活动的表现以及制订的职业目标和计划，以客观地衡量教学效果。此外，还可以通过学生的反馈意见和就业情况来评估课程对其生涯发展的影响。通过对教学效果的评估，教师可以及时调整课程内容和教学方法，以提升教学质量和学生学习效果。

（二）持续改进与优化措施

在持续改进与优化措施方面，我们首先着重课程内容的更新，包括定期审查课程大纲，确保内容与最新发展趋势保持同步。教师要定期收集学生反馈和市场需求，有针对性地调整课程内容，使其更贴近实际应用和学生需求。

教学方法的创新是持续改进的重要一环。通过不断尝试和总结经验，教师能够发现适合学生的最佳教学方法，并不断优化教学过程。举例来说，通过引入在线实时投票系统，我们成功提高了学生在课堂上的参与度和学习积极性。

教学技术的应用也是促进课程持续发展的重要手段。我们会积极探索并应用新的教学技术，如虚拟招聘会、在线学习平台、视频直播等，以增强课堂教学的效果和吸引力。通过利用教学技术，我们能够打破时空限制，为学生提供更加便捷和灵活的学习方式。

（三）学生家长和社会的反馈与参与

学生家长和社会的反馈与参与对课程建设的重要性不言而喻。学生家长作为学生的第一任教师，在课程建设中发挥着举足轻重的作用。他们可以通过参与课程规划、提供反馈意见、支持学生的学习等方式，促使课程更贴近实际需求，从而提高学生的学习积极性和成绩。社会资源的支持也是课程建设中不可或缺的一部分。社会资源的参与可以为课程提供更广泛的视野，丰富课程内容，使之更加符合社会发展的需求，培养学生更全面的素养和技能。

综上所述，普通高中教育应重视核心素养的培养，加强生涯指导课程的建设。这些课程可以帮助学生更好地了解自己的兴趣、特长和职业发展方向，引导他们树立正确的人生观和职业观。生涯指导课程还可以帮助学生规划自己的学习和发展路径，提升他们的综合素质和竞争力。面对困难和挑战，普通高中教育需要采取相应的策略和措施。学校可以加强师资队伍建设，培养具有较强教育教学水平和生涯指导能力的教师，为学生提供更好的指导和支持；可以加强与企业、社会资源的对接，为学生提供更多实践机会和职业体验，帮助他们更好地了解社会需求和提升就业竞争力。[本文系江苏省教育科学"十三五"

规划 2018 年度课题"班级文化建设中文化墙的设计及所起到的教育效果的研究"（编号：D/2018/02/128）的研究成果。]

【作者简介】袁锦成，男，江苏省南京市雨花台中学教师，高级教师，学生工作处副主任，南京市雨花台区德育工作带头人，雨花台区优秀德育工作者。

参考文献

[1] 江苏省教育厅.省教育厅关于高品质示范高中建设的意见[EB/OL].（2018-05-12）[2025-06-10].https://jyt.jiangsu.gov.cn/art/2018/5/17/art_55510_7641293.html.

（上接第 36 页）

专著的撰写，"课题""研究"这些字眼已经不再遥远和陌生，也不再高深莫测，教师经历了一场专业素养提升的华丽转身。长东集团把教师个人发展和教师团队发展，与学校发展、集团发展紧密结合起来，精心打造教师共同体，对内起到凝聚、带动作用，对外起到辐射、示范引领的作用。教师共同体让教师拥有了价值感、获得感、幸福感，有效促进了集团教学质量的整体提升。

【作者简介】郑小琴，女，江苏省淮安市长江东路小学书记、校长，正高级教师，"苏教名家"培养对象。

参考文献

[1] 李政涛.活在课堂里[M].上海：华东师范大学出版社，2023.
[2] 赵光辉.在"志业教师"培养实践中彰显校长领导力[J].江苏教育，2023（36）：84—86.

中小学生亲子关系现状分析及校园心理剧应用初探

◎ 杨　波 / 江苏省徐州市九里中学

摘　要　为促进学生心理健康发展，提升家校共育质量，本研究通过问卷调查了解了当前中小学生亲子关系现状，包括亲子沟通、亲子冲突和亲子亲和三个维度。调查结果显示，中小学生亲子关系状况整体较好，但仍存在部分问题，如很多学生与父母沟通次数较少、个别学生与父母存在冲突等。本研究进一步探索了校园心理剧用于改善亲子关系的效果，通过开展相应主题的校园心理剧设计、展演，有效提升了学生与家长的亲子关系质量，增进了亲子亲密感，减少了亲子冲突。

关键词　中小学生心理健康　亲子关系　校园心理剧　家校共育

一、研究背景

良好的亲子关系不仅关乎家庭的和谐氛围，更是孩子心理健康、性格塑造和社会适应能力的重要影响因素。对中小学生而言，健康的亲子关系能带来安全感，使其感受到父母的关爱和理解，学会如何表达和沟通、如何尊重和理解他人，从而培养起良好品质和健全人格。从家校共育的角度来看，高质量的亲子关系也有助于家长更好地了解孩子在学校的表现和需求，从而与学校形成合力，共同促进孩子的成长。然而，随着社会的快速发展和生活方式的变革，当下的家庭结构和亲子关系面临着诸多挑战，亲子沟通质量也让人担忧。为促进中小学生的健康发展，研究中小学生的亲子关系现状并探讨改善该现状的举措就显得尤为必要。

在亲子关系中，亲子沟通、亲子冲突和亲子亲和是影响亲子关系质量的三个重要因素。亲子沟通是指发生在父母与子女之间的所有沟通行为，体现父母与子女之间认知、态度、情感与行为的交互传递，是发展、维系亲子和谐关系与家庭发展的重要因素。亲子冲突是指亲子之间在行为、需求和认知方面出现不协调、不满足及不认同而导致的语言甚至肢体上的争辩和摩擦，在一定程度上反映了亲子关系的健康程度和亲子沟通的紧张程度。亲子亲和通常是指亲子之间形成的亲密、和谐的关系状态，具体表现为亲子之间的情感联系紧密、相互信任和支持。亲子亲和是亲子关系健康发展的标志，也是家庭和谐的重要基础。

一般而言，过多的亲子冲突会导致误解和隔阂的加深，影响亲子沟通的质量，还会损害亲子之间的情感联系和信任基础，妨害亲子亲和与关系和谐。而亲子亲和则能为亲子沟通提供良好的情感氛围和信任基础，使亲子之间的沟通更加顺畅和有效，减少亲子冲突的发生，有助于营造亲密、和谐的关系状态。总之，亲子沟通、亲子冲突和亲子亲和三个因素相互关联、相互影响，共同构成了亲子关系的重要内容。

校园心理剧是一种特殊的心理辅导方法，主要以学生日常生活中发生的真实且具有代表性的事件为题材，对学生较容易出现的心理问题进行归类与总结，通过戏剧的表达方式进行演绎，从而解决学生较为常见的心理问题并提高学生的心理健康水平。校园心理剧生动有趣的表现形式，以及具有的参与性、体验性和启发性等特点，使其在亲子关系辅导领域也具有良好的适应力和不俗的表现。研究表明，校园心理剧通过剧本创作、角色扮演等，能够促进学生自我剖析，正视自己与父母的关系，帮助家长与学生换位思考，最终在剧目表演完后，帮助学生与家长缓解亲子矛盾，实现心灵成长。因此，本文将在调研中小学生亲子关系现状的基础上，结合前人研究成果，尝试在更大样本上探索校园

心理剧在改善亲子关系方面的实践策略及效果，以期形成系统的干预方案，为更多的辅导与教育实践提供参考。

二、研究流程

（一）亲子关系问卷调查

为了解中小学生亲子关系现状，本研究对江苏省徐州市两所小学、两所初中、两所高中学校的上千名学生进行了问卷调查，并选取部分学生、家长进行访谈，以进一步了解其内心想法。问卷参考《初中生亲子关系调查问卷》而设计，主要从亲子沟通、亲子冲突和亲子亲和三个维度考察个体的亲子关系状况，数据整理结果如下：

1. 亲子沟通

表1、表2、表3依次展示了小学生、初中生、高中生与父母沟通的情况，呈现了不同沟通情况的样本占比。从数据来看，小学生与父母的沟通情况整体优于初中生，初中生整体优于高中生；不管哪个学段的学生，母子（女）之间的沟通情况均明显优于父子（女）之间的沟通。

表1　小学生与父母的沟通情况

单位：%

沟通对象	经常沟通	偶尔沟通	从不沟通
与父亲	48.3	46.2	5.5
与母亲	53.6	44.2	2.2

表2　初中生与父母的沟通情况

单位：%

沟通对象	经常沟通	偶尔沟通	从不沟通
与父亲	42.3	43.4	14.3
与母亲	47.8	44.5	7.7

表3　高中生与父母的沟通情况

单位：%

沟通对象	经常沟通	偶尔沟通	从不沟通
与父亲	41.8	47.3	10.9
与母亲	45.2	50.5	4.3

2. 亲子冲突

表4、表5、表6依次展示了小学生、初中生、高中生家庭中亲子冲突的发生情况，呈现了不同情况的样本占比，最后一列"累计发生率"由"有时发生"和"经常发生"的样本比例相加而得。从数据中可以看出，初中生亲子冲突的发生率最高，高中生次之，小学生最低。整体而言，在三种亲子冲突中，学生与父母的冲突以言语冲突、情绪对立为主。仅在初中生群体中，与父亲身体冲突的发生比例超过了与父亲另两种冲突的比例。

表4　小学生家庭中的亲子冲突情况

单位：%

冲突类型	冲突对象	从未发生	有时发生	经常发生	累计发生率
身体冲突	与父亲	65.3	30.3	4.4	34.7
	与母亲	80.2	18.2	1.6	19.8
言语冲突	与父亲	63.9	32.4	3.7	36.1
	与母亲	59.8	35.2	5.0	40.2
情绪对立	与父亲	50.5	43.6	5.9	49.5
	与母亲	52.7	43.6	3.7	47.3

表5　初中生家庭中的亲子冲突情况

单位：%

冲突类型	冲突对象	从未发生	有时发生	经常发生	累计发生率
身体冲突	与父亲	46.2	43.6	10.2	53.8
	与母亲	72.5	23.7	3.8	27.5
言语冲突	与父亲	52.3	38.3	9.4	47.7
	与母亲	46.5	42.8	10.7	53.5
情绪对立	与父亲	48.4	44.8	6.8	51.6
	与母亲	50.1	45.7	4.2	49.9

表6　高中生家庭中的亲子冲突情况

单位：%

冲突类型	冲突对象	从未发生	有时发生	经常发生	累计发生率
身体冲突	与父亲	60.5	30.7	8.8	39.5
	与母亲	79.6	17.8	2.6	20.4
言语冲突	与父亲	55.8	38.7	5.5	44.2
	与母亲	54.9	37.2	7.9	45.1
情绪对立	与父亲	50.8	43.0	6.2	49.2
	与母亲	52.9	42.2	4.9	47.1

3. 亲子亲和

表7、表8、表9依次展示了小学生、初中生、高中生家庭中亲子之间的喜欢情况，呈现了不同情况的样本占比。从数据来看，小学生对父母的喜欢程度最高，初中生和高中生差别不大，父母对孩子的喜欢程度也是如此。整体上，各学段亲子间的喜欢情况相对乐观。

表7　小学生家庭亲子之间的喜欢情况

单位：%

亲和对象	非常喜欢	比较喜欢	一般	不太喜欢	非常不喜欢
孩子对父亲	48.3	40.1	5.6	3.9	2.1
孩子对母亲	52.2	41.4	3.8	2.1	0.5
父亲对孩子	76.2	12.0	5.7	4.2	1.9
母亲对孩子	80.8	12.5	4.3	2.1	0.3

表8　初中生家庭亲子之间的喜欢情况

单位：%

亲和对象	非常喜欢	比较喜欢	一般	不太喜欢	非常不喜欢
孩子对父亲	40.7	38.9	7.8	6.5	6.1
孩子对母亲	46.6	40.8	5.2	3.5	3.9
父亲对孩子	69.2	10.2	10.3	2.6	7.7
母亲对孩子	74.6	12.5	7.9	2.8	2.2

表9 高中生家庭亲子之间的喜欢情况
单位：%

亲和对象	非常喜欢	比较喜欢	一般	不太喜欢	非常不喜欢
孩子对父亲	41.0	37.2	8.9	7.3	5.6
孩子对母亲	45.5	40.2	6.8	4.2	3.3
父亲对孩子	68.8	9.8	11.4	3.2	6.8
母亲对孩子	73.3	13.4	6.5	5.2	1.6

表10、表11、表12依次展示了小学生、初中生、高中生家庭中亲子之间的信任情况，呈现了不同情况的样本占比。从数据来看，在孩子对父母以及父母对孩子的信任程度方面，小学生（及其父母）的表现要优于高中生，初中生最差。而且各年龄段的孩子对母亲的信任程度优于父亲，而父亲对孩子的信任程度却优于母亲。

表10 小学生家庭亲子之间的信任情况
单位：%

亲和对象	完全信任	大多时候信任	很少时候信任	完全不信任
孩子对父亲	60.4	28.8	8.7	2.1
孩子对母亲	65.3	29.4	4.2	1.1
父亲对孩子	54.2	35.4	7.2	3.2
母亲对孩子	52.2	36.3	9.0	2.5

表11 初中生家庭亲子之间的信任情况
单位：%

亲和对象	完全信任	大多时候信任	很少时候信任	完全不信任
孩子对父亲	48.2	25.5	14.0	12.3
孩子对母亲	55.8	28.6	8.8	6.8
父亲对孩子	44.2	32.2	12.4	11.12
母亲对孩子	43.6	33.4	15.3	7.7

表12 高中生家庭亲子之间的信任情况
单位：%

亲和对象	完全信任	大多时候信任	很少时候信任	完全不信任
孩子对父亲	50.2	27.8	12.1	9.9
孩子对母亲	56.3	29.4	9.2	5.1
父亲对孩子	46.3	33.6	10.3	9.8
母亲对孩子	45.5	36.8	9.8	7.9

（二）针对亲子关系的校园心理剧展演

在了解本地中小学生亲子关系现状的基础上，研究人员选取本地多所中小学校进行实地考察，全面了解目前校园心理剧的开展情况（包括剧目的形成过程、剧目主要针对的亲子关系问题类别、剧目展演情况、对亲子关系改善效果如何等），总结各校在校园心理剧方面的开展成果，为本实践研究搜集丰富的素材。然后，研究人员结合对校园心理剧的选题、内容组织、剧本编写、编排过程、使用策略等的探讨成果，针对不同类型的亲子冲突，尝试设计心理剧剧本，邀请家庭进行体验和观看，以期对学生或家长进行心理干预。

经过多轮的尝试，我们初步形成了"三层次四步走"的校园心理剧实践方式。"三层次"包括：第一层次为依托心理课堂，通过课堂小剧场模拟常见的心理困扰情境，科普心理健康知识，加强亲子主题的植入；第二层次主要是培训班级心理委员，以点带面，组织各班同学创作编排本班的心理剧目，以家长会、家长学校为契机，向家长呈现孩子们心中渴望被理解的表达；第三层次是指以每年5月校园心理健康文化节为平台，进行校园心理剧展演，邀请家长委员会全体成员观摩、参演并反馈感受。

"四步走"则以家庭亲子关系为主题，具体包括：第一步，心理适应，指导家长在特殊时间节点关注关爱孩子；第二步，心理课程，通过心理健康教育课中相关板块，教会学生亲子沟通的技巧；第三步，心理测量，依托专业量表，科学地收集数据；第四步，心理剧展演，在校内展演的基础上举办全市中小学校园心理剧公演。

"三层次四步走"的校园心理剧实践方式初步取得了良好的成效。在心理剧干预后，我们对部分参与研究的家庭再次进行亲子关系问卷调查和访谈，结果表明，校园心理剧带来的情境式体验能够促使亲子冲突双方从矛盾走向平和，在校园心理剧创、编、排、演的实践中，亲子双方均能够在心理剧的互动呈现过程中觉察、掌握并运用沟通技巧，切实体会到亲子间理性表达与平和沟通的乐趣，从正视关系、直面问题，到积极尝试、融洽解决，最终改善家庭功能、家庭关系，减少亲子冲突。

三、讨论与延伸

（一）亲子沟通有待加强

通过本研究结果可以看出，中小学生亲子关系质量整体较好，然而具体到亲子关系的各个侧面时，可以发现在亲子沟通、亲子冲突方面仍存在不容忽视的问题。在本研究的调查中，仅有不到半数的学生能做到与父母经常沟通，个别学生与父母之间仍存在身体、言语等冲突。作为亲子互动的重要一环，亲子沟通起着信息传递和

情感交流的重要作用。良好的亲子沟通可以使家长更深入地了解孩子的需求、想法和感受，可以使孩子及时得到恰当的关心、支持和引导，这为孩子身心的健康发展和家庭和谐氛围的构建奠定了基础。而亲子沟通不足或者沟通质量低则容易导致双方产生误解和隔阂，使家长感受到挫折或愤怒，使孩子感到不满或沮丧，增加个体的心理压力，诱发冲突和不良行为。

本次调查结果显示，有很大一部分学生仅仅与父母偶尔沟通，这样难以保证沟通质量，也难以提升亲子关系和亲子感情，不利于学生的心理健康。本次研究中的访谈数据还显示，家长较少时间的陪伴、过度地关注学业、忽视孩子的情感需求、管教方式简单粗暴，以及期望值过高等，都是导致亲子关系不佳的原因。因此，未来的学校教育和家校共育工作需要继续加强亲子沟通的指导，调整双方的沟通心态，帮助其掌握合适的沟通时机、恰当的沟通方式，学会正确处理沟通中出现的冲突或问题，最终帮助建立和谐的亲子关系，促进孩子的健康成长。

在本次调查结果中，通过纵向对比，我们还可以发现，相比于小学生、高中生，初中生的亲子沟通、亲子冲突、亲子亲和情况是最不乐观的，这提醒我们要高度重视青春期的亲子关系建设。可以从亲子沟通入手，指导双方选用合适的沟通方式，正确表达自身的意见和诉求，营造包容的环境氛围，给予充足的情感支持，避免或减少冲突，帮助孩子平和地度过关键成长阶段，养成适当的独立性与自主性。

（二）合理运用校园心理剧改善亲子关系

本次涉及多所学校亲子关系主题的校园心理剧实践取得了比较显著的成效。部分参与本研究实践的中小学校依托课题成立了"心理剧工作室"，建成"心理小剧场"，学生通过编、导、演、练，创作出以亲子冲突与转变为中心主题的心理剧，并邀请家长友情出演，实现自助、他助与互助，获得情感与关系的发展。通过心理剧的展演与观摩，亲子间、朋辈间彼此助力、相互关照，达到自我教育、朋辈辅导和亲子融洽的教育效果，同时还收获了累累硕果。例如，徐州市第一中学编排的《双面人》《家有儿子》《梦想尽头、花开万里》《梦蝶》连续获得徐州市校园心理剧一等奖，《夜空中最亮的星》《梦·克隆》连续获得省校园心理剧一等奖。徐州市鼓楼小学始终坚持以校园心理剧的创作为载体，厚植家庭教育指导工作，其校园心理剧连续三年获得省级特等奖、一等奖，成为该校心理健康教育的新名片。徐州市第三十六中学创作的亲子冲突题材的多部心理剧和微电影在亚洲杯微电影大赛、江苏省中小学心理剧大赛、金风筝国际微视频及微电影大赛中获得了不俗的成绩，受到业界的认可与好评。

实践表明，校园心理剧能够为家庭亲子冲突提供良好的表达和体验平台，为和谐家庭的建设发挥重要作用。随着心理剧的深入推进，亲子双方愿意自由地表达且被倾听与关注，通过角色互换，亲子双方逐渐学会反思自我、共情并试图理解彼此的表达。依托校园心理剧，能有效提升产生冲突的亲子间的人际互动，提升亲子双方的理解表达能力、融合能力、解决问题能力。未来的相关研究可以针对具体的亲子关系话题或领域，设计更具针对性的心理剧，以进一步提升心理剧的教育和辅导效果。

【作者简介】杨波，男，江苏省徐州市九里中学副书记、副校长，高级教师。

参考文献

［1］蔡冰心.团体心理辅导在改善初中生亲子关系中的应用研究［D].南昌：南昌大学，2016.

［2］陈婧.浅析校园心理剧治疗对家庭功能、家庭关系的影响［J].2021（52）:166—167.

［3］陈文成.倾听我音，"剧"焦我心——在心理咨询中运用"心理剧技术"改善亲子关系［J].中学生博览，2022（30）:55—57.

［4］褚玉英."双减"背景下校园心理剧应用于初中生亲子关系团体辅导的实践探索［J].现代教学，2022（8）:55—59.

［5］刁媛.初中生亲子关系现状及影响因素研究——以天津市津南区为例［D].武汉：

（下转第61页）

TPACK 视域下基于循证教学的学生数学思维发展研究

◎ 沈　琦 / 江苏省苏州市吴江区思贤实验小学

摘　要　在 TPACK 理论框架下，循证教学要求教师系统收集、整合、拓展教学"证据"，以精准把握学生数学学习的"前思维水平"，通过证据支持优化教学策略，依托多元评价完善思维品质。本文结合小学数学教学实践，探讨循证教学如何通过证据链的构建与应用，穿透学习暗箱、强化过程参与、追踪思维轨迹，实现学生数学思维的进阶发展与学科育人目标的有效落地。

关键词　小学数学　TPACK　循证教学　思维发展

一、TPACK 视域下循证教学的理论框架

美国学者科勒和米什拉于 2005 年提出的 TPACK（整合技术的学科教学知识）理论包含学科内容知识（CK）、教学法知识（PK）、技术知识（TK）三个核心要素，及其组合形成的 PCK（学科教学知识）、TCK（技术学科知识）、TPK（技术教学知识）和 TPACK（整合性知识）。其核心在于教师在教学中须理解技术与学科内容、教学方法的适配性，例如如何利用数字工具（如在线平台、虚拟实验）优化学科知识的呈现方式，或通过技术手段设计互动式教学活动。循证教学是基于可靠证据，如教育研究成果、实证数据、成功案例等来指导教学决策的实践模式。其核心在于要求教师在设计教学方案、选择教学方法时，优先参考经过科学验证的证据，而非仅凭经验或主观来判断。

（一）目标一致性：以证据为基础优化教学

TPACK 的实践需要证据作为支撑。教师在整合技术时，须通过实证研究或教学实践数据，如学生反馈、学习效果测试等，验证技术工具与教学目标的匹配度。例如，使用教育软件后学生的知识掌握率能否提升，这本质上是循证教学的思维。

循证教学为 TPACK 提供方法论支持。循证教学强调的证据可以包括技术整合的有效性研究，如某学科中使用虚拟现实（VR）技术的教学效果是否优于传统方法，

这些证据能帮助教师更科学地构建 TPACK 框架。

（二）互补关系：技术整合与证据导向的结合

TPACK 为循证教学提供技术维度的证据。当教师探索如何用技术优化教学时，TPACK 框架下的实践，如使用智能测评系统分析学生错题数据等，可产生具体的教学证据，这些证据又能成为循证教学决策的依据。

循证教学推动 TPACK 的科学应用。循证教学要求教师避免盲目跟风，而是基于证据选择合适的技术工具。基于 TPACK 理论的小学数学循证教学，须构建"问题定位—证据获取—反馈应用—评价优化"的闭环流程，通过技术赋能实现证据的可视化、结构化与动态化，引导学生在证据支撑下完成思维的奠基、指引与进阶。

二、收集证据：锚定思维起点的实证路径

循证，即要求教师的教学要遵循证据。为此，教师在教学前先要收集证据，了解学生的具体学情，尤其是要解读学生数学学习的前思维水平。只有找到证据，才能精准规划教学的实施路径、策略。传统的教学，教师往往是依靠经验来认识、把握学生的具体学情。在互联网、大数据背景下，教师要让证据从经验转向实证。为此，教师要注重调研。立足 TPACK 视域，教师可以将相关技术如微信、QQ、钉钉等小程序应用到观察法、谈话法、课堂前测法等之中。在证据的支撑、支持下，教师能清楚地认识到"学生现在在哪里"。在技术的支撑、支持下，教师还要尽可能地让相关的证据可视化，以便让教学证据具有说服力。以《平行四边形的面积》教学为例，一些教师认为，很多学生已经知道了"平行四边形的面积等于底乘高"，因此在引导学生做数学实验时往往蜻蜓点水、浮光掠影，由此导致学生的思维经历以及经验不足。那么该怎样设计学生的学程，优化学生的学，让学生的学真正发生、深度发生、持续发生呢？笔者在教学中设计、研发了前置性问卷，用以把握学生具体学情，把脉学生的数学认知起点。

此类证据通过数据可视化呈现，如饼状图、思维导图，形成"学情档案"，使教学从"经验预设"转向"证据导航"，精准定位"学生现在在哪里"。

上述收集证据的过程，融合了学科内容知识（CK）、教学法知识（PK）以及技术知识（TK），是对学生课堂学程设计的一个寻证过程。寻证，让教师的教学从传统的经验走向了实证，让教师的教学开始具备实证品格、品质。收集证据，能让教师更好地先行组织教学，进而能让教师的教学"证有所依""有证可循"。教学中，教师可以应用现代信息科技对学生的前测进行拍摄记录，并建立学生的"学情档案"，让其成为学生学习道路上的"路标"。

三、循证分析：解构思维结构的多维透视

如上所述，教师对学生学习证据的收集路径、方法和策略是多样化的，如教学前

测、问卷调查、课前访谈等。基于 TPACK 视域，教师不仅要寻证，更要循证。循证的过程，就是对学生学的证据进行分析、研讨、交流的过程。在小学数学教学中，教师要融通学科教学知识（PCK）、技术学科知识（TCK）以及技术教学知识（TPK）等，去解读学生数学学习的前思维水平。通过证据的收集，让学生呈现学习的实然状态、实然水平。要注重证据的分享，让学生对相关的证据点赞，从而促成学生不仅能看清自己的思维，还能看到伙伴的思维；不仅能看到思维的闪光点，还能看到思维的不足。循证分析，就是要求教师引导学生解读自我或他人的数学前思维水平。

如在《平行四边形的面积》一课教学中，通过分析调研数据，我们发现仅有极少数学生真正理解了平行四边形的面积公式，绝大多数学生对平行四边形面积内在原理的认知很肤浅、理解不透彻，且受到了长方形面积以及推拉长方形实验等负迁移的影响。用循证教学促进学生数学思维的发展，必须建立在对学生的具体学情尤其是前思维水平测量、解读、把握的基础上。

通过循证分析，能让学生把握认知的疑点、盲点、痛点、堵点等。循证分析是一种可视化、可触达的系统性分析范式，其核心在于以事实为基、以证据为纲，构建"有理有据、有迹可循"的分析逻辑。在数学学习领域的应用中，循证分析须秉持实事求是的科学原则，既关注学生学习行为中可观测的显性证据（如解题步骤、测试成绩等），亦深入挖掘认知过程中的隐

性证据（如思维轨迹、元认知策略等）；既要整合质性证据所蕴含的深层意义（如访谈记录、作品分析），又要结合量化数据的统计规律（如错误率分布、能力维度得分）；不仅着眼于表象化的现象证据，更须穿透表层探索本质性证据（如知识建构的逻辑链条）与关联性证据（如技术工具使用频率与思维发展的相关性），通过多维度证据的交叉验证与系统整合，实现对学习过程的深度解构与精准研判。这种分析范式超越了经验主义的主观判断，以证据链的完整性与科学性为基石，为教学决策提供兼具深度与效度的支持体系，有效解读学生数学学习的前思维水平。

四、证据支持：建构思维进阶的动态支架

立足 TPACK 视域，用循证教学促进学生数学思维发展，关键是让教师的教学获得相关证据的支撑、支持。在循证教学中，证据也不是静态的、一成不变的，而是动态的、生成着的。教师要跟进证据、了解证据、调节证据，让证据更好地为学生数学学习服务。在证据应用过程中，教师不仅要应用现成的证据，还要补充证据，将各个证据结合起来思考，让某个证据成为诸多证据组成的证据链中的"一个"。教师要根据学生的学习样态及时补充证据、调节证据，让证据之间相互支持、相互映射。如此，循证教学就成为证据链、证据块、证据群的教学。

教学中，教师可以在收集证据的基础上"亮标""示标"，并依据教学目标制定教

学评量标准，然后在教学评量标准的推动下，引导学生开展自主性的数学学习，让学生积极主动地想办法验证。这种基于教学目标、评量的教学设计，就是一种逆向教学设计。循证教学的关键是构建证据链驱动的逆向教学设计。

在教学中，由于对学生学情有了把握，教师的教学就具有了针对性、实效性。循证教学以终为始的逆向教学，从学生的学情证据出发，确定教学目标，依据教学目标确定教学评量，进而实施循证教学。在循证教学中，教师要关注学生数学学习的参与度和表现。在循证教学中，教师要将学科内容知识（CK）、教学法知识（PK）和技术知识（TK）三个核心要素组合、整合，从而推动学生数学学习再创造，让学生扫除数学学习中的障碍。教师要巧织网，让学生学习的知识更完整；还要善播种，让数学学科的思想方法在学生的循证学习过程中获得完整的观照，让学生的数学学习不断进阶、超越。

五、评价推动：优化思维品质的持续反馈

立足 TPACK 视域，教师用循证教学思想指引学生的数学学习。基于"教—学—评"一致性视角，教师对学生学习的评价不是简单的经验判断，而是基于实证性的证据。为此，教师在教学中要借助 TK、TCK、TPK 等相关知识，去开发评价的工具，制定评价的量规，让评价能真正发挥导学功能。

在循证教学中，评价不是为了证明、甄别和选拔，而是为了促进和发展。在小学数学循证教学中，教师要积极主动地编制表现性任务清单，研发表现性评价工具，建立表现性评价档案，融入学生的数学学习过程。如此，学生一边展开知识建构，一边展开知识应用。评价同样讲究证据，评价应当是一种基于证据的评价。教师要引导学生在数学学习过程中不断补充证据、充实证据，从而打破学生的认知和思维惯性。教师要将自评、互评与师评结合起来，将线上评价与线下评价结合起来，将评价贯穿于学生数学学习的始终，从而让评价充分发挥导向、调节、监督、促进等功能。

用评价推动学生的数学学习，要致力于提升学生的思维质量、思维水平，优化学生的思维品质、思维样态。循证教学要注重强化过程评价，要注重探索增值评价，要注重健全综合评价。通过多维度、多层面的评价，全面跟踪学生循证学习目标的达成度，从而改进学生的学习行为。循证评价能增强学生的自我认知，让学生全面了解自我的学习样态。

TPACK 视域下的循证教学，其本质是通过"技术赋能证据、证据驱动教学、教学优化思维"的循环机制，让学生的思维发展变得可见、可测、可导。未来教学须进一步探索证据的智能化分析（如学习行为大数据挖掘）、跨学科证据的整合应用，推动循证教学从"经验补充"走向"范式革新"，真正实现数学学科思维育人的核心目标。［本文系苏州市教育科学"十四五"规划 2022 年度一般立项课题"指向学科核心素养的小学数学单元整体教学设计研究"

（批准号：2022/Q/02/025/05）的阶段性研
究成果。]

【作者简介】沈琦，女，江苏省苏州市
吴江区思贤实验小学教师，一级教师。

参考文献

［1］ 崔友兴.论循证教学理念的意蕴、功能与形塑［J］.北京教育学院学报，2022，36
（2）：40—45.

［2］ 章勤琼，陈锡成.基于学习路径分析的小学数学单元整体教学思考框架［J］.小学
教学（数学版），2021（3）：13—16.

［3］ 崔友兴.循证教学的过程逻辑与运行机制［J］.课程·教材·教法，2021，41
（1）：64—71.

（上接第 56 页）

华中农业大学，2012.

［6］ 郭艳彪.校园心理剧：实现家校共育的新途径——以广东江门市培英高级中学为例
［J］.中小学心理健康教育，2017（18）：34—36，39.

［7］ 胡金凤.看见——初中生亲子沟通主题校园心理剧［J］.中小学心理健康教育，
2023（26）：43—47.

［8］ 黄梦真.家庭教育中亲子沟通对小学生心理健康的影响分析［J］.中国校外教育，
2019（35）：1—2.

［9］ 李昊，张卫，喻承甫，等.中小学生亲子沟通的现状、问题及对策——基于4528
名中小学生亲子沟通现状的实证研究［J］.中小学德育，2022（7）：22—26，9.

［10］刘婧娴.基于亲子沟通的心理健康活动课对促进初中生亲子关系的作用研究［D］.
武汉：华中师范大学，2022.

［11］杨胜丽."剧"焦心灵　遇见别样的爱——例谈心理剧如何改善青少年亲子关系
［J］.中小学心理健康教育，2017（17）：44—45.

［12］张帆.亲子冲突对初中生心理健康的影响及干预研究［D］.合肥：合肥师范学院，
2022.

［13］赵丹.校园心理剧在改善青少年亲子关系中的运用［J］.教育教学论坛，2013
（4）：177—178.

走新时代教学创新之路

——关于教学方法的探索与创新之二十

◎ 周成平 / 江苏第二师范学院

关于中小学课堂教学方法的探索与创新系列，写到这里就要告一段落了。在该系列中，我们共讨论了 18 种目前在我国中小学课堂上比较流行的教学方法，解读了它们的内涵和思理，归纳了它们的特点与个性，分析了它们的作用及贡献。

通过对 18 种小学课堂教学方法的回顾与梳理，我们发现，尽管各种方法形态不一、内涵有异且各具特色，但总体来说，但凡优秀的课堂教学方法往往都具有如下共同特征：

一是学生动起来、讲起来。凡是优秀的教学方法几乎都有这样的特征，就是充分调动和激发学生的学习积极性和主动性，让学生动起来、讲起来。所谓"动起来"，就是学生在学习的过程中不再一味地依赖教师的"教"，而是能在教师的指导和引领下主动地参与学习的过程，接受科学新知、探索世界奥秘已成为学生的一种自觉行动。所谓"讲起来"，就是学生不再仅仅是被动地接受教师传授的知识，而是在主动探究获取知识的基础上，再把所学的内容在小组讨论或展示环节清晰而有条理地讲述出来。著名的费曼学习法强调的也正是这样的要点。江苏省徐州市在全市开展的"学

讲计划"所追求的也正是这一目标。

二是教师让时间、晚出来。凡是优秀的教学方法往往也都有这样的共性：教师在课堂上不再很像"先生"，上知天文，下知地理，口若悬河，滔滔不绝，搬运知识并填充到学生的大脑中，而是成为学生学习的指导者、组织者和管理者，学生学习的伙伴，陪伴着学生一路前行，探究未知的世界，感知学习的愉悦。所谓"让时间"，就是指那些真正高明的教师，往往会把课堂上的时间尽可能地交给学生去使用，而自己讲课的时间尽量控制再控制、压缩再压缩。所谓"晚出来"，是指教师在课堂上一般不急于出场，更多地让学生兴高采烈、闪亮登场，占据课堂这个舞台，教师尽可能地晚出场、少出场，甚至不出场。段力佩"八字教学法"中的读、议、练、讲，教师的"讲"就是最后才出场的。魏书生的"六步教学法"，教师悄然"隐身"在学生学习的幕后，而在学习的舞台上几乎都是学生在尽情尽兴地"表演"。可见，优秀的教学方法往往都呈现这样的特点。

三是学生自主探究合作学习。有言道：听过的，忘记了；看过的，记住了；做过

的，理解了。这里所表达的就是要处理好教与学的关系，强调的正是学生自主探究合作学习的意义与价值。教师在课堂上应该要"讲"，因为这是教师的职责与本分；也可以大讲特讲，甚至有时也可以"包场"去讲。但是，作为今天的教师应该知晓，根据"学习金字塔"所揭示的道理，以教师讲授为主要方式的传授知识教学法，其教学效益往往是最差的。德国心理学家艾宾浩斯的记忆遗忘曲线理论也证明了这样的道理。因此，我们发现那些优秀的教学方法对此似乎都心领神会，几乎都规避了以教师讲授为中心的教学弊端，而充分激发和调动学生，开展自主探究合作学习，把"用学生学习的逻辑来重新定义课堂"（李希贵语）的要求真正落到了实处。

四是教师遵循规律调控课堂。在课堂上，以学生为主体、教师为主导，这是大家的共识。作为主导课堂的教师，其重要的职责就是遵循课堂教学的规律，善于依据学情设计教学、调控课堂，把握课堂教学的节奏，让每一节课的效益最大化。因此，但凡优秀的课堂教学方法，都会明确教师的角色定位，处理好教师与学生的关系，充分发挥教师的主导作用，始终立足调动和激发学生学习的积极性与主动性，使学生学习的主体性得以充分发挥和表现。

"工欲善其事，必先利其器。"中国古代的先贤圣哲早就告诉过我们"工具"的意义与价值，而教学方法正是课堂教学的一种工具。选对了工具，用好了工具，或者创新了工具，可以减轻师生的负担，大幅提高课堂教学的质量和效益。当然，如同条条大路通罗马一样，课堂教学的优秀方法也是林林总总，难计其数。我们相信，在今天新时代教育教学改革的背景下，每一位中小学、幼儿园教师都可以通过自己的实验、持续的探索与不懈的努力，去感悟并发现最适合自己的教学之法，走出一条属于自己的课堂教学创新之路。

【作者简介】周成平，男，江苏第二师范学院教授。

基于"教—学—评"一致性的大单元整体教学实践研究

——以统编版初中语文教材七年级上册第三单元为例

◎ 赵建花 / 江苏省无锡市水秀中学

摘　要　本文以新课标核心素养为目标导向，结合统编版初中语文教材七年级上册第三单元教学案例，探讨"教—学—评"一致性的大单元整体教学实践，通过逆向设计目标、任务群驱动和多元评价量表，整合阅读写作活动，落实语言运用与人文素养培养目标。

关键词　"教—学—评"一致性　大单元整体教学　阅读写作

《义务教育语文课程标准（2022年版）》（以下简称"新课标"）指出，以核心素养为目标导向，以"学习任务群"作为内容组织与呈现的载体，重视评价的导向性作用，在课堂教学评价建议中明确提出教师要树立"教—学—评"一致性思维。

"学习任务群"的提出，打破了分科内容和教学内容相割裂的格局，促使向综合课程内容观的转变。统编版初中语文教材是"双线单元"结构，兼顾了语文素养的提升和人文主题两方面，这为开展基于"教—学—评"一致性的大单元整体教学提供了理论和实施依据。基于素养目标引领的统编版语文教材教学方式，笔者试图以七年级上册第三单元为例，进行大单元整体教学模式下的"教—学—评"一致性

设计实践，以达到大单元整体教学的教学目标。

一、基于"教—学—评"一致性的大单元整体教学原则

崔允漷教授指出：新时代育人育才的目标要求与深化课程教学改革的路径之一就是"教—学—评"一致性。"教—学—评"一致性具有课程、课堂意义上的双重意蕴。课堂意义上的"教—学—评"一致性，强调以从课程标准中转化而来的学习目标为指引，系统推进课堂教学变革层面的教学、学习与评价的一致性，从而形成"闭环"，实现所教即所学、所教即所评、所学即所评，强调以评促教、以评促学，确保学习目标的有效落实。

大单元整体教学，就是整合单元内的单篇文章，以核心素养为目标导向，借助任务群，以语文实践活动贯穿其中，融合目标、情境、活动与评价等诸多要素，以实现"教—学—评"一致。

（一）统整性原则

大单元整体教学就是打破传统单篇文章孤立、分散的知识、技能教学，将相关的知识、技能按照一定的组织形式结合起来，构建为一个完整的知识、技能的学习单元，通过不同学习形式（如读、写、说、思、练等），将其组合构成一个完整的学习过程，让学生系统、整体地理解和掌握知识，最终实现核心素养的全面提升。

七年级上册第三单元包括《从百草园到三味书屋》《往事依依》《再塑生命的人》《〈论语〉十二章》、阅读综合实践和写作《如何突出中心》等内容。该单元挑选了与学习生活有关的作品，展示了不同时期青少年的学习情况与成长经历，塑造了各具特色的教师形象。《从百草园到三味书屋》讲述了少年鲁迅在百草园和三味书屋游玩、学习的经历，塑造了一位严爱有加的老师形象；《往事依依》讲述了少年时期老师给予的文学启蒙；《再塑生命的人》记叙了莎莉文老师再塑海伦·凯勒生命的过程和她高超的教育艺术；《〈论语〉十二章》讲述了孔子及其弟子言行的故事，一章一句都透着圣人及其弟子高尚的品质。这四篇文章内容不一，写法不同，但都表现了学习生活，也提到了老师在个人成长过程中的作用。所以本单元整体教学将围绕这一主题开展，但大单元整体教学并非

排斥单篇的精细化教学，而是要处理好单篇与单元整体的关系，围绕核心目标，突出重点，培养学生的核心素养。

（二）实践性原则

传统课堂上，教师更多着眼于"如何教"，至于学生"如何学""学得怎样"较少涉及。按照"教—学—评"一致性的理念，教师需要对如何教与学进行一元思考，而非二元思考。在大单元整体教学中，教师要以"教—学—评"一致性为基点，以学生的真实学习为起点，以任务为驱动，以语文实践活动为中心，利用身边的语文学习资源和实践机会，引导学生关注相关的生活经历，积极探索与发现生活中感兴趣的事物，解决其中的问题，在实践中学习和运用语言文字。

在学习七年级上册第三单元内容时，学生往往只会关注一些有趣的情节，忽略把握人物形象，从而难以体会作者深层的意蕴。结合本单元的写作要求"如何突出中心"，本单元阅读学习的教学应设计任务驱动，将传统的文本学习任务化、活动化，聚焦人物描写，赏析人物形象，领悟描写方法，实现由读到写的能力迁移，从而在实践中收获独特的体验与思考，并形成综合能力。

（三）综合性原则

大单元整体教学就是在教学过程中不拘泥于单篇课文，而是以任务群进行驱动，将阅读、写作、口语交际、阅读综合实践等内容进行整合，形成一个综合性的学习系统，帮助学生形成全面的语文素养。所以，大单元整体教学不同于单篇教学，并

非聚焦于某一种阅读能力的培养和提高，而是在整个教学中采用多样的形式做到"教—学—评"一致。在此过程中，学生完成某一任务，不是为了考而学的应试学习，而是为了实现某一语言交流而进行的主动的、有计划、有目标的建构活动。

七年级上册第三单元课文属于"发展型学习任务群"中"文学阅读与创意表达"的范畴，目的是引导学生阅读各类古今优秀文学作品，让他们"学习欣赏和品味作品的语言和形象等，交流审美感受，并体会作品的情感和思想内涵"。在这个单元的学习中，学生不仅需要学会默读课文，快速掌握文章的大意，并总结出课文中不同教师的特点，还要通过总结分析，梳理课文中人物塑造的手法，并在实际写作中应用这些手法。在阅读和写作的过程中，学生将感悟师生之间的情感，学习教师的高尚品质，体会师生间的爱与尊重。以上综合了语文素养和情感价值观等方面的诸多要求，帮助学生形成立体式全方位的素养能力。

二、基于"教—学—评"一致性的大单元整体教学实践与策略

（一）以终为始，逆向设计明目标

为实现所教即所学、所教即所评、所学即所评，强调以评促教、以评促学，确保学习目标的有效落实，大单元整体教学应以核心素养为导向，采用"以终为始"的逆向思维，依照"评—学—教"的逻辑来构建整个大单元的教学设计，首先确定的就是大单元教学的学习目标。这种逆向

设计能够帮助教师在实施教学之前就更清晰地把握教学方向，避免教学内容的碎片化，更能有的放矢地组织学生有目的地学习，提高课堂的达成率。

七年级上册第三单元作品均与少年儿童的学习和生活有关，同时也塑造了不同的教师形象。该单元教学建议中提出：在默读时抓住文章的核心和主要内容；通过标题、开篇、结尾以及文中的重要句子来理解文章的总体意思，并总结出文章的中心思想。

本单元隶属于"文学阅读与创意表达"学习任务群。基于新课标的宏观要求以及本单元的评价标准，由此制定出本单元整体教学的学习目标如下：

1. 学会默读，通过标题、开篇、结尾以及文中的重要句子来理解文章的主要内容，并总结出文章的中心思想。

2. 赏析重要语句，学习刻画人物形象的方法，并运用到写作中。

3. 感悟童真童趣、师生情谊，在阅读、比较和创作中，感受教师对学生的爱，表达自己对教师的尊重和感激之情。

（二）单元统整，任务驱动促学习

新课标指出，核心素养是学生通过课程学习逐步形成的正确价值观、必备品格和关键能力，涵盖四个方面：文化自信、语言运用、思维能力、审美创造。语文学习任务群实际上是一系列明确问题导向的语文实践活动，旨在提升学生的能力素养。所以，相较于传统的语文课设计，新课标下的任务驱动型语文教学，应该更多地让学生动起来，以学生为中心，同时也更凸

显"语文味"。

基于"教—学—评"一致性的大单元整体教学应以学习目标为导向，结合学情分析，整合各类语言实践活动，创设有思维容量的学习任务群，实现学生语文素养的提升。

基于以上对七年级上册第三单元的统整，本单元的核心任务可设定为：学校拟开拍《我和我的老师》微电影，现向全校征集微电影脚本故事，学习本单元，从古今中外的作品中感受师生情。这一核心任务聚焦学生习作，与单元写作《如何突出中心》相吻合，写作对象聚焦在"老师"，也与本单元的课文内容相契合，与学生的学习生活更贴近。四个课段逐层推进，不同的任务也均是为核心任务做准备和铺垫，帮助学生在本单元阅读实践活动中提升阅读写作能力。

（三）多维评价，全程反馈促成长

美国教育评价学家瑞克·斯蒂金斯将促进学习的评价分为四个类别，即表现性评价、论文式评价、交流式评价以及选择性反应评价。在语文学习任务设计中，前三种评价类型运用较多，尤其是表现性评价。所谓表现性评价，"就是让学生参与一些活动，要求他们实际表现出某种特定的表现性技能，或者创建出符合某种特定标准的成果或作品。简言之，就是我们在学生执行具体的操作时直接观察和评价他们的表现"。表现性评价重点在制定量规、清单等评价标准，通过这些评价标准，学生能够清楚明了地理解完成任务的标准，有针对性地学习。表现性评价最显著的特点为评与学之间是互动反馈关系，这对于课堂教学中教和学的推进及质量提升有着极大优势。在评的过程中，上接目标，学习目标是评价的准则与依据，二者高度融合；下连教与学，贯穿整个教和学的过程，从而达到"教—学—评"的一体化。

新课标在"课堂教学评价建议"中明确提出，教师应提前设计好评价量表并说明评价标准，使学生在小组合作和汇报展示时能用好评价量表，形成评价结论。

七年级上册第三单元整体教学的核心任务是创作《我和我的老师》微电影的脚本故事，通过学习品读本单元，能将自己和老师之间的故事诉诸笔端。围绕这个任务，在学生真正动笔写之前可制定一个作文量表，通过该量表，学生可明确选材立意、写作手法及情感表达的方法，依据该量表及时调整、评价自己的学习活动，实现学生的自我评价与反思。

大单元整体教学以"教—学—评"一致性为基础，始终将学生置于中心位置。教师的教、学生的学以及评价活动都以促进学生核心素养的发展为目标，整合单元内容，采用任务驱动，通过丰富的语言实践活动，切实实现提升核心素养的目标。

【作者简介】赵建花，女，江苏省无锡市水秀中学德育主任，一级教师，无锡市教学能手。

（下转第71页）

AI 赋能差异化教学的实践探索

——扬州市文津中学"四导四学"模式的创新与应用

◎ 徐　炎 / 江苏省扬州市文津中学

摘　要　本文聚焦扬州市文津中学"四导四学"教学模式，探讨从同质化到差异化教学的转变路径，分析传统困境，阐述各环节实践，指出深化方向、挑战与策略，强调对差异化育人的重要意义。

关键词　差异化教学　四导四学　AI 赋能　个性化学习

在当前教育改革背景下，传统同质化教学难以满足学生个性化发展需求。扬州市文津中学创新性提出"四导四学"教学模式，深度融合 AI 技术，通过分层预学、智能分组、方法优化和多元评价，实现差异化教学精准落地。该模式不仅破解了标准化教学的固有矛盾，还通过数据驱动的动态调整，显著提升了学生学习效率与课堂参与度，为新时代差异化教学提供了可复制的实践范例。

一、传统教学的同质化困境解构与突破

（一）传统教学的四大结构性矛盾

一是标准化与差异化失衡。传统教学追求标准化目标、内容和评价，忽略学生学习能力、兴趣爱好和学习风格差异，导致因材施教原则难以有效实施。

二是被动学习与思维发展相悖。传统课堂上，学生被动接受知识，学生成了知识的接收器，缺乏主动思考与思维发展，导致创新能力受限。

三是技术赋能与教学实效断层。如今信息技术被引入教育领域，然而在实际教学中技术资源虽丰富，但与教学实际结合不紧密，数据驱动下的差异化导学成为空谈，教学成效大打折扣。

四是单一评价与全面发展冲突。标准化考试评价单一，难以全面反映学生成长，且忽视个体差异与动态变化，无法捕捉动态成长，影响教育公平与质量。

（二）"四导四学"模式的突破路径

文津中学"四导四学"模式以"导预、导问、导法、导评"为核心，结合"疑、研、慧、促"生成点，融入 AI 技术，构建以学生为中心的多元化教学体系，融合"教师主导"与"学生主体"。该模式注重

分层教学与小组合作，用任务驱动激发学生探究兴趣与自主学习力。单元教学打破了课时限制，以主题整合内容，不仅能提供广阔学习空间，还能提高课堂效率，促进学生个性化发展。

二、"四导四学"教学模式在差异化教学中的实践路径

（一）导预疑学，AI 赋能分层预学模式，提升学习能力与课堂效率

1. AI 分层预学实施步骤

教师通过 AI 平台分析学生近期作业完成情况，包括各知识点的正确率、微课观看时长及回放频率，结合单元前测成绩进行分层。系统将学生分为三个层级：基础型、提高型、拓展型。根据分层结果，系统自动推送不同的预学作业：基础层学生完成基础巩固题，提高层学生完成变式训练题，拓展层学生完成综合应用题。

2. 分层微课生成与调整

教师针对不同层级学生录制三类微课：基础微课重点讲解核心概念并配套基础练习；提高微课侧重解题思路和举一反三；拓展微课引入实际问题场景。AI 系统会根据学生预学作业的完成情况动态调整微课内容：若学生连续两次作业正确率较高，系统自动推送更高难度的微课；若正确率较低，则推送补救性微课。[1]

3. 课堂路径动态优化

学生通过 AI 平台观看微课并提出学习疑惑，教师根据学生疑问设计课堂主问题。AI 系统会生成学情报告，帮助教师了解班级整体薄弱环节，从而调整课堂重点。若多数学生在某个知识点上存在疑问，教师会在课堂上优先讲解，并设计分层练习，确保每个学生都能得到针对性指导。

（二）导问研学，AI 赋能多元化小组，提高学习效率与深度

1. 多元化小组组建

教师通过 AI 平台分析学生预习作业中的错题分布、性格测试结果和近期课堂互动情况，将班级学生分为多个小组。每个小组包含基础型、提高型和拓展型学生各 1 名，确保能力互补。AI 每两周根据学生最新作业完成情况和课堂表现自动调整小组成员，例如某学生连续三次作业正确率明显提升，系统会将其调整至高阶小组。

2. 差异化问题解决

教师提前在 AI 平台输入单元核心问题，系统自动生成不同难度的任务链。基础任务侧重概念理解，包含 3—5 道基础题；提高任务注重变式训练，设计 2—3 道应用题；拓展任务强调综合实践，布置 1—2 道跨学科问题。

3. 个性化学习支持

课堂中，教师通过 AI 实时监测各小组任务进度。系统自动识别学习卡点，如多数学生在某环节停留时间过长，则立即推送简短提示视频。AI 根据学生答题情况动态调整题目难度，连续答对自动升级，连续答错则触发基础练习。课后，教师结合 AI 生成的小组表现分析，针对性设计下节课的分层问题。

（三）导法慧学，基于 AI 掌握方法，提升学习能力与效率

1. 方法渗透融会贯通

教师根据学科单元重点和学生作业错题分布，提炼三类学习方法。基础型侧重步骤拆解，提高型强调思维可视化，拓展型注重迁移应用。每节课预留 5 分钟，引导学生用表格对比不同解题方法的效率，记录个人最优解法。

2. 个性推荐经验共享

AI 平台分析学生近两周作业数据，对解题耗时较长或错误率高的学生，自动推送对应方法微课，如几何辅助线添加技巧微课。每月组织线上方法交流会，由 AI 筛选 3 名进步显著的学生，录制 5 分钟经验视频，重点讲解方法优化过程，如如何用错题本减少计算失误，供全班点播学习。

（四）导评促学，多元评价激励，激发学习动力与全面发展

1. 多元化评价主体

采用教师评价、学生自评与互评相结合的多元化评价主体。教师评价提供专业指导；学生自评促进自我反思；学生互评推动交流学习，提升学生参与感和反思能力。

2. 多维度过程性评价

实施多维度过程性评价，追踪学生学习全过程。评价内容涵盖学习成绩、过程、态度和合作能力等方面，帮助教师全面了解学生情况，提供个性化支持与激励。

3. 差异化评价内容与激励

根据学生差异，从成绩、过程、态度与合作能力等维度进行差异化评价，为不同层次学生设定不同评价标准和激励方式，激发学生学习动力和积极性。

"四导四学"模式通过自主分层预习、小组合作、分层教学、个别辅导和多元评价，在集体教学中实现个性化，强调共性与个性统一。结合 AI 技术，该模式更智能化、精准化，有助于有效落实差异化教学，为学生成长发展提供有力支持。

三、勇迎挑战，展望新程

（一）"四导四学"教学模式实践面临的挑战

一是教学进度与个性化需求平衡难题。满足学生个性化学习需求的同时，要保证教学任务按进度完成，这就要求教师精细规划和灵活调整教学过程。

二是教师专业素养有待提升。"四导四学"模式对教师要求更高，教师不仅要有扎实的学科知识，还要掌握先进的信息技术和教学方法，能熟练运用 AI 技术进行学情分析、教学指导和评价反馈。[2]

三是教学资源建设不足。实施"四导四学"模式需要丰富的教学资源支撑，如分层教学材料、微视频、在线学习平台等，但学校现有的教学资源不够丰富完善，无法满足差异化教学需求，须加大资源建设投入。

（二）深化"四导四学"教学模式实践的聚焦方向

一是构建学情诊断智能中枢。整合全流程数据，构建学情诊断智能中枢，实时监测学生学习情况。通过分析学习数据，为教师提供精准教学建议，助力教师调整

教学策略，促进学生全面发展。

二是建立家校协同机制。借助数字化平台共享学生画像，建立家校协同机制。与家长共建教育共同体，让家长及时了解学生学习动态，共同参与教育过程，形成教育合力。

三是培育教师差异化教学能力。开展AI赋能教师专业发展研讨会，探索备课、作业批改、命题竞赛、论文写作与德育工作新模式。推进阅读与写作智能教学系统、AI自习室、智慧教室等项目，提升教师信息化教学和差异化教学水平。

扬州市文津中学"四导四学"教学模式是从同质化教学走向差异化教学的可行路径。它剖析传统困境，以"四导四学"为核心，结合AI构建实践体系，尊重学生差异，激发学生学习主动性，促进多维学习。期待全社会能不断探索创新，为学生的成长和发展创造更加美好的未来。

【作者简介】徐炎，女，江苏省扬州市文津中学教科研处主任，一级教师。

参考文献

[1] 李春华.AI赋能高中数学个性化教学——恩施市第一中学利用智学网实施数学个性化教学实践探索[J].湖北教育（教育教学），2024（S1）：141—143.

[2] 韩国良.信息技术赋能的"教—学—评"一体化教学实践探索[J].中国现代教育装备，2023（20）：21—23.

（上接第67页）

参考文献

[1] 崔允漷.教—学—评一致性：深化课程教学改革之关键[J].中国基础教育，2024（1）：18—22.

[2] 中华人民共和国教育部.义务教育语文课程标准（2022年版）[M].北京：北京师范大学出版社，2022.

[3] ［美］斯蒂金斯.促进学习的学生参与式课堂评价.第四版[M].国家基础教育课程改革"促进教师发展与学生成长的评价研究"项目组，译.北京：中国轻工业出版社，2005.

新课标背景下初中体育创新课堂的构建策略

◎ 崔婉君 / 江苏省苏州工业园区星港学校

摘　要　在新时代体育与健康教育教学改革中，教师在新课标驱动下构建新课堂，围绕体育教学原则来创新教学活动，使教育工作的组织构建更加高效具体。本文以新课标背景下初中体育创新课堂构建为例，从目标创新、学练创新、竞赛创新、作业创新、评价创新五个方面展开分析，提出植入课标精准备课、多元实施激发兴趣、践行"学、练、赛"一体化、培养体育锻炼习惯、以学促评实现发展等具体策略，以期发展体育教学工作，推动体育课堂的革新。

关键词　新课标　创新课堂　初中体育　体育教学　教学改革

随着《义务教育体育与健康课程标准（2022年版）》（以下简称"新课标"）的贯彻践行，"健康第一"成为教学的首要目标，教师要注重发挥学生的主体作用，培养学生的体育兴趣和终身体育意识，还要多关注学生的个体差异，满足学生的个性化学习需求。[1]新课标提出"教会、勤练、常赛"的教学理念，这一理念既是体育课堂教学的实施准则，也是体育课堂教学质量评价的标准。[2]在此背景下，教师只有全面把握新课标的内涵与要求，在新课标的指导下创新育人理念，发展学科价值，构建新型课堂，才能为学生提供更好的成长机遇。

一、以目标创新为关键，精准备课

新课标中提出坚持目标导向、问题导向、创新导向，在全面落实教育培养要求的基础上把握教育改革，提升课程教学的思想性，使体育教学的育人目标得到细化，更好地提升课程指导性与操作性。在这一要求下，教师需要改变传统体育教学设计理念，在课堂上结合学生学习实际来为学生制订合理的教学目标，进行针对性、个性化体育教学。这样便可完成新课标的植入，让教师的备课准备工作更加充分，为创新课堂奠定良好基础。

例如，在初中体育备课组织中，教师先以教研形式来更新教育理念，跟随目标驱动来发展学习活动，使自身的育人手段得到提升。透过教研组织，教师树立"健康第一"的育人理念，充分完善培养目标，优化课程设置，细化实施要求，在"双减"

政策下调整体育教学，让课程教学与相对应的核心素养结合，培养学生的正确价值观、必备品格和关键能力。体育学科核心素养主要包括运动能力、健康行为、体育品德，教师在谨遵新课标育人理念和核心素养的基础上，针对体育课程的教育总目标和课堂目标做出分析，实现体育教学的精准备课，深化体育教学组织模式。从新课标提到的课程教育总目标中可以看出，在体育与健康的教学中，学生要掌握与运用体能和运动技能，提升自身运动能力；要学会运用健康与安全的知识技能，养成健康的生活方式；要积极参与体育运动活动，形成优秀体育品德。所以在体育课堂教学中，教师的目标规划应从总目标中分化设计，贴合学生实际来完善教育手段，让各级目标的策划更加精准，并提高备课组织效能。

在目标创新下，新课标的植入可以让教师的备课任务朝着更明确的方向革新。学生的课堂学习目标需要包含以下几个方面：一是认识到运动技能的学习优势，具备运动能力和技巧，树立积极运动态度，享受运动带来的乐趣，主动参与体能锻炼；二是形成体育锻炼的习惯，在体育运动中巧妙与他人合作，从身体到心理加强锻炼，提升抗挫意识，端正积极心态；三是遵守运动秩序和规则，有坚持不懈、顽强拼搏的运动精神，懂得公平竞争，正确看待成败，养成优秀体育品德。目标创新让体育课堂找准了具体的发展方向，进而提高了备课组织的效率，更有针对性地发展体育课堂教学。

二、以学练创新为突破，激发兴趣

新课标提出，依据学生的学习需求和兴趣爱好，注重"学、练、赛"一体化教学，坚持课内外有机结合。这样便可更好地提升学生运动技能和体能，提高学生的体育锻炼水平，让学生在积极参与下领悟体育的意义，培养运动习惯。为了更好地满足初中生的学习需求，教师将"学练结合"作为创新点，体育教学不仅要让学生动起来，还要帮助学生掌握基础的体育运动知识，让学生既能感受到体育运动的魅力，又能切实明白体育学习绝不是简单化、机械化的[3]，从而更加充分地掌握运动技能。

以立定跳远的运动训练为例，立定跳远是初中阶段重要的运动内容，它虽然相对比较简单，但是所占据的教育比重较大，对学生的体育素养发展有着重要意义。教师可以将学生立定跳远的学习和训练归置在一起，通过反复比较、拆解动作来帮助学生领悟立定跳远中的运动知识，使体育课堂教学在学练创新下收获更直观的效果。教师先让学生进行立定跳远的摸排考核，每个学生有三次跳远机会，取最好的成绩进行记录。在此之前教师并未教授学生相关的跳远技巧，所以学生全凭自身的体育认知来完成立定跳远的尝试。教师记录成绩的同时会重点观察学生的运动表现，如学生的起跳动作、腾空动作及落地动作，造成学生立定跳远成绩不佳的原因有很多，每一个细小的动作都值得关注。当一轮摸排结束后，教师与学生互动讨论彼此的成绩，总结出现成绩差距的原因。教师指出学生比较突出的动作错误，并示范正确动作，让学生认真观察体会差距，从而意识到立定跳远还需要注意的细节问题。

通过师生的对比演练，学生能够充分掌握立定跳远的标准动作，紧跟教师的脚步来锤炼体育品质，不断进行自我练习，提升立定跳远成绩。为了让枯燥的立定跳远练习变得更加生动，教师还可以组织趣味练习会，例如让学生三人一队来猜拳，赢的人可以通过立定跳远向前跳跃，注意要保持动作的标准，看谁先一步到达终点。学生通过游戏感受到体育运动所蕴含的独特乐趣，也更好地掌握了立定跳远技术的要领，从而实现了学练效果的提升和体育教学的创新。

三、以竞赛创新为参照，践行"学、练、赛"一体化

正如新课标所言，教师要加强课程内容的整体设计，注重"学、练、赛"一体化教学。其中"赛"是要点、是关键，教师可以组织多样化的体育竞赛，为学生提供体育实践的机会[4]，还可以积极创新竞赛活动的组织形式，让学生得到充分运动，在巩固体育技能的同时运用所学技术来加强体能锻炼，在活动中激发兴趣，在比赛中展示自我。

以篮球教学为例，教师在体育课堂中教授了篮球技术，然而并非所有的学生都能够如愿掌握篮球技能，毕竟学生之间存在群体差异，而且篮球复杂多样的技术很难在短时间内习得。针对上述情况，教师

为全体学生创设了多层次、多样化的竞赛模式，以此来满足不同群体的参与需求。首先，教师将学生按照篮球技能的掌握情况进行分层：A层学生熟悉篮球比赛规则，具备丰富的篮球知识，能够参与整场篮球运动；B层学生有基础篮球水平，对三步上篮、投球、运球、传球等都有所涉及，但是不具备上场比赛的能力；C层学生只对基本的投球、运球有所了解。其次，在分析学生的实际情况后，教师组织了三种竞赛方式：一是举办校园篮球赛，可校内外联合创办篮球队，让学生充分发扬自我，展现风采，这样便可更好地提升学生学习水平，发展学生的体育能力；二是举行单人、双人的竞赛活动，单人竞赛以"运球＋三步上篮"为主，双人竞赛以"传接球＋投球"为主；三是进行单项篮球技能的竞赛，以S线运球、直线绕桩运球、定点投篮为主要比赛项目。教师还可以联合其他教师担任评委，邀请学校领导和家长观看竞赛，更好地激发学生的荣誉感，让学生拼尽全力为自己争光、为班级争光。赢得竞赛活动的学生还会获得相应奖励，进一步增强学生参与体育赛事的积极性。

由此，教师在新课标的指导下创新发展竞赛活动，使体育教学得到更好的过渡，也提升了学生的竞赛参与度。在"学、练、赛"一体化的创新实践中，个性化、多层次的赛事训练降低了学生参与体育竞赛的门槛，创设出更符合不同学生真实需求的运动模式，这样不仅保证体育课程的基础性、多样性，还让学生通过运动竞赛增强实践能力，发展体育素养。

四、以作业创新为线索，培养运动习惯

作业是课堂教学的延续，在传统体育教学中，这门课程往往是不涉及作业的，毕竟即便教师布置了课外的运动任务，学生也鲜少自觉完成，所以体育课程的作业就被长期忽视了。针对体育课外的运动学习，教师如何才能发挥作业的价值来突出培养效果，如何才能增强学生的体育锻炼意识，引导他们养成终身锻炼的好习惯，这些都是一线教学中亟待解决的问题。

新课标指出要注重教学方式改革，在实践中，教师应将作业创新设计的理念融入体育与健康教育，借助信息技术构建高效的课后作业体系，利用多元化的作业形式更好地激发学生的热情，推动学生的体育能力提升。以"天天跳绳"手机应用软件为例，该软件包含了各种类型的跳绳活动，以及体能、跑步、体操等运动项目的训练，甚至还有游戏形式的单双人运动。学生需要实名登录软件，然后加入教师所创设的班级，通过软件完成日常课后练习。比如，教师在打卡群中发布了跳绳一分钟的课后作业，学生需要在软件中先完成热身运动的跟练，再完成跳绳运动作业，并上传数据，最后通过拉伸运动来放松身体肌肉，让身体机能保持更好的状态。教师可以通过软件实时查看学生的运动情况，检测和记录学生的作业成绩，根据学生的运动进展来动态调整课后的学习活动，督促学生自觉完成每日打卡运动，以此实现对学生的作业管理，培养学生终身锻炼的意识。同样，学生也可以对比自己和同学

的运动表现，形成一种良好的竞争意识。学生之间呈现出"你追我赶"的运动氛围，在生动有趣的作业情境下不仅提升了锻炼效能，还实现了体育作业的创新。

完成体育作业需要一定的毅力，学生长期坚持完成课外运动挑战，不仅可以磨炼自身意志，还可以养成运动习惯，促进运动能力的提升。教师借助信息技术解决作业问题，探索体育课后训练新模式，为学生提供运动新路径，可以促进学生的体育发展，提高学生的综合素养。

五、以评价创新为跟踪，促进学生发展

新课标中指出教师要重视学习评价的激励和反馈功能，围绕核心素养，注重构建评价内容多维、评价方法多样、评价主体多元的评价体系。在初中体育创新课堂的组织构建中，教师还要善于用评价创新来跟踪学生的运动进展，以评促教、以评促学，这也是顺应新课标的要求，是实现学生综合发展的重要手段。

例如，教师可以从多维评价内容入手，围绕体育核心素养中的运动能力、健康行为和体育品德三个维度展开评价。这意味着体育课程的评价不再单纯依据学生的体育技能，而是采用更加立体化、多元化的标准，促使学生更加积极地参与体育学习。对于运动能力较高的学生，教师的评价往往趋向于表扬学生在体育课堂中的良好表现，突出学生的核心优势，将其作为其他学生学习的榜样。对于运动能力一般的学生，教师则可以从体育品德入手，肯定学生在体育活动期间团结同学、尊重规则的

美德等，这也是学生的优点，也可以成为评价的核心要素。教师还可以从健康行为入手，例如学生体育课结束后及时洗手，这一卫生习惯也是创新评价体系的切入点。教师总能从细小的方面出发，着眼于学生在体育课程中的日常表现，挖掘要素来增强学生的运动信心。在评价方法上，教师可以按照教学阶段将评价拆分，如课堂评价、课后评价等。课堂评价就是师生间的面对面评价，可以采用语言、动作或者眼神等多种形式来表现。课后评价是根据学生的作业完成情况而开展的，可依据作业内容的不同灵活选择评价方式。传统体育教学评价的主体为教师，教师可以单方面决定学生的评价结果，主观性较强，不利于学生的发展。[5] 在多元评价体系中，除教师作为评价者外，还可以以学生的自评、同伴之间的互评为参照，这样不仅可以获得更客观的评价结果，也能够使学生之间取长补短，更好地弥补自身运动的不足。

打造多元评价体系来创新体育教学，利用评价跟踪学生的学习进展，不仅能激发学生的自我效能，还能让学生在科学、公正、立体的评价体系中实现身体素质和人格素养的双重发展。同时，通过评价提升师生间的互动频率，增进师生间的情感联结，有助于形成和谐、亲密的师生关系。借助评价创新，探寻构建初中体育创新课堂的方法路径，能够达到事半功倍的效果。

综上所述，教师充分落实新课标的要求，通过教学目标、学练、竞赛、作业、评价体系上的创新实践，构建初中体育创新课堂，深化教学内容，使体育教学灵活生动、多元丰富。在教师的有效指导下，学生循序渐进地掌握体育学习的方法，提升体育活动的参与度，在课内外体育锻炼中养成终身锻炼的良好习惯，磨砺自律顽强的体育品德，形成体育核心素养。在创新体育课堂策略的推动下，初中体育教学面貌焕然一新，教学手段不断发展，教学效果稳步提升，最终实现课程改革的顺利落地。

【作者简介】崔婉君，女，江苏省苏州工业园区星港学校总务处副主任，一级教师。

参考文献

[1] 宁林芳.新课标背景下初中体育高效课堂的构建策略探析 [J].冰雪体育创新研究，2023（19）：54—57.

[2] 刘勇，牛晓.深度学习《课程标准（2022年版）》落实"教会、勤练、常赛" [J].中国学校体育，2022，41（11）：18—20.

[3] 马秀梅.初中体育教学优化策略探究 [J].新课程研究，2022（5）：51—53.

[4] 李静文.小学体育"学、练、赛、评"一体化课堂教学模式构建策略研究 [J].教师，2024（15）：87—89.

[5] 张国平.基于"学练赛评"一体化体育教学策略 [J].新教育，2024（17）：79—81.

数智赋能：区域教师数字素养提升的徐州实践

◎ 刘桂云 / 江苏省徐州市教育局

《中国教育现代化2035》明确将"加快信息化时代教育变革"确立为十大战略任务之一，把教师数字素养提升作为教育现代化的关键能力要素，这为新时代教育发展指明了方向，凸显了教师数字素养在推动教育现代化进程中的核心地位。2024年全国教育大会再次强调"深入实施国家教育数字化战略"。教师数字素养是建设教育强国、实现教育现代化的重要内容。近年来，徐州积极探索实践，以数智赋能区域教师数字素养提升，打造师资队伍建设新高地。

一、筑牢顶层架构：以制度创新驱动数字化师训理念入脑入心

徐州市通过机制重构、模式创新与平台赋能，推动教师数字素养提升从理念渗透到实践自觉的深层变革。**构建三维协同师训模型。**突破传统师训"条块分割"的局限，建立"教育主管部门—中小学校—中小学教师"三位一体的协同师训架构，以中小学校作为素养提升、技术落地的桥梁，形成"需求驱动—资源整合—实践验证"的闭环机制。**创新理实融合教学模式。**研发"'理''例'融合、理实一体"的融合

式案例教学法，将AI算法逻辑、大数据分析等抽象概念具象化为课堂实录、教学痛点诊断等案例，并通过徐州市智慧教育公共服务云平台面向全市教师展播，让一线教师能够切身感受到数智赋能课堂的优势，在"云端"直接体验智慧课堂的沉浸式实训。目前平台已积累课堂教学、讲座视频等学习资源400多个，累计点击量近3万次。**打造混合式研训生态。**构建"训前诊断—训中赋能—训后跟踪"的全周期施训策略：训前通过"数字画像"分析教师数字素养短板；训中采用"线上理论精讲＋线下实操演练＋AI助教答疑"的混合培训模式；训后通过"数字素养成长档案"动态跟踪教师能力发展。

二、锚定问题靶心：以目标导向构建数字化教师能力发展坐标

徐州市以《教师数字素养》为基准，通过"问题诊断—目标导向—坐标建构"的施训策略，构建分层分类的数字化教师能力发展坐标体系。**精准定位坐标原点。**基于"教学本位—迁移应用"双维目标，构建"课程执行力—课堂实施力—教研创

新力"三维能力框架。通过数智技术采集教师数字素养基本情况、课堂数字化工具使用频次、学生数字化学习成效等指标，精准诊断教师能力短板，科学锚定教师数字素养培训的能力起点。**形成分层分类坐标谱系**。依据教师职业发展阶段与能力基线，构建"新教师—青年骨干教师—卓越教师—名优教师"四级能力发展坐标，按照不同教师专业发展阶段递进式推进数字素养进阶培训，引领教师实现从技术"小白"到课堂数字化能手的跨越，从技术应用到教育理念的升华。**构建动态坐标校准机制**。推进学校建立长效跟踪评价机制，通过"基础评估—过程评估—增值评估"的"三阶评估"，实现对教师数字素养能力发展轨迹及实践价值的全面把握，并据此进行针对性的反馈、改进和提升，从而实现教师能力发展坐标系动态优化。

三、优化实践效能：以生态培育推动数字化教育迭代升级

徐州市以"实践效能优化"为核心，通过构建全场景浸润的实践生态，推动教师数字素养与学科应用的深度融合、迭代升级。在课堂场景，推进智慧课堂示范，推广"双师协同"模式，即"技术导师+学科教师"协同实施教学，推进技术工具与学科逻辑的深度嵌套。在教研场景，搭建跨校虚拟教研社区，以"AI赋能教学研究"为抓手，借助数智助手的量化分析功能，推动教师从"经验式教研"向"数据驱动教研"转型，实现精准教研的落地生根。在管理场景，进一步普及推广"徐州市教育局智能研修平台"，现已实现幼儿教育、义务教育、高中教育、职业教育、家庭教育、教师教育全覆盖，注册学校1496所，注册教师99967人，借助该平台上的"网上巡课""个人备课""集体磨课""AI课堂分析"等功能，将先进的技术工具深度融入日常管理流程，让教师的课堂教学获得"数智化"支撑，形成"以数智赋能学习、以数智优化管理、以数智驱动发展"的可持续发展生态循环，从而突破传统培训"重理论轻实践"的局限，打造"课堂即应用场、教研即创新场"的沉浸式实践环境。

徐州市在提升教师数字素养的实践中多措并举，充分发挥数智赋能作用，为区域教师素养提升提供了强大动力，为教育现代化发展奠定了坚实的师资基础。未来，徐州市将继续精耕细作，不断完善教师数字素养提升体系，以教育数字化为抓手，不断擦亮徐州教育名片。

【作者简介】刘桂云，女，江苏省徐州市教育局二级调研员。